南懷瑾文化

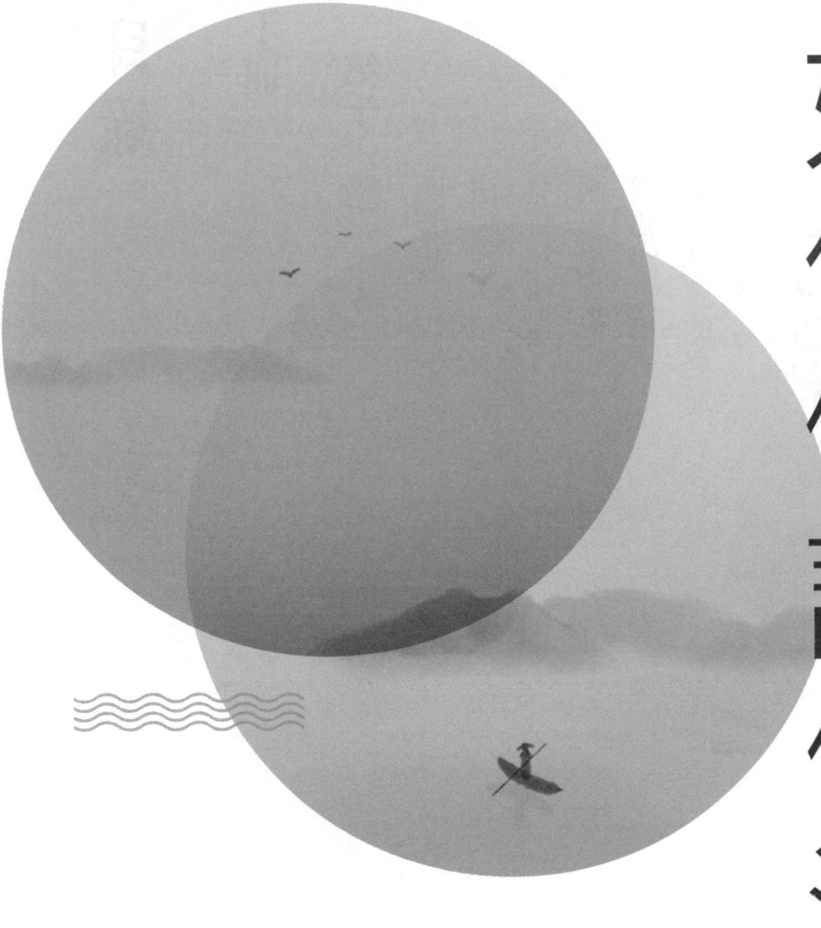

如何修證佛法

下

南懷瑾／講述

目錄

下冊

第十六講　15

圖表 343

第十六講

內容提要

顧鑒咦
法眼宗
見桃花悟道
圍起來打
四禪四大和三大劫
身心健康的修道
性相二宗
五徧行及五陰
意識和餘力

禪宗講見地、修證、行願時，多半用的是隱語，所以不要被美妙的辭句矇過去了。

雲門的宗法非常難，所以雲門宗出來的人才，都很了不起，但是很難教出幾個人來。雲門的眼界高，教育法也嚴。雲門的教育法是顧、鑒、咦，而不直接談見、修、行。

什麼叫顧、鑒、咦？比如學人來見他，他眼睛一瞪，說：你看清楚了嗎？學人不懂他是什麼意思，他便慨嘆一聲：咦！

現代人研究禪學，有把顧、鑒、咦當話頭來參的，參它就會悟道嗎？不一定！

雲門的氣宇如王，教育方法非常嚴肅，尤其因為他是律宗出身，對弟子們戒律的要求非常森嚴，他隨時都在提醒學生們用功。也許學生們正在路上走著，碰到雲門，他叫：「你看！」學生一回頭，看著他，不懂，雲門曰：「咦！」嘆一聲。咦，可不是《小止觀》中的六個字，別把它當氣功看，如果當氣功看，那就糟了。

現在來談法眼宗。法眼宗在南宋時代就衰落了，此宗與雲門的教育法不同，比較注重文字。這一宗的人才，文字修養都很高，比如永明壽禪師（《宗鏡錄》的作者），即屬法眼宗這一系。法眼宗注重文字、教理，才產生了永明壽的教理與修持並美。法眼禪師悟道的因緣，大家可以自己研究。

法眼禪師有名的詩：

理極忘情謂　如何有喻齊
到頭霜夜月　任運落前谿
果熟兼猿重　山長似路迷
舉頭殘照在　元是住居西

詩作得不算特別好，但卻是禪的境界。他主張見地、修證、行願並重。要窮理，理明到了極點，言語道斷，心行處滅，一切妄念都沒有了，就是「忘情」。用功的第一個道理是要理透，然後工夫才到。

到了言語道斷，心行處滅時，怎麼樣的比喻都講不出來了，怎麼比喻都是錯誤的，因為無法相比。

「到頭霜夜月，任運落前谿」，這是現前的境界，住在山上的人，經常看到這景象，尤其冬天的月亮最好看，大雪封山，人影沒有半個，然後月亮圓圓的掛在天上，下面一片琉璃世界，這個時候，天上天下，唯我獨尊，妙不可言。「到頭霜夜月」，就是這個境界，一片清明，忘身，忘念；人我世界都空了。第二句話要注意，「任運落前谿」，我們有時瞎貓撞到死老鼠，大境界沒有，只有一點點空，偶然有一點禪了，但等一下就掉了，這類人很多，就是不懂「到頭霜夜月，任運落前谿」，明極則暗生，這是當然的道理。什麼叫掉了？暗極又會生明嘛！這是理沒有透。

下面兩句「果熟兼猿重，山長似路迷」，好詩，實實在在的境界。果子熟了，猴子來摘水果，抱也抱不動。猴子偷水果很有意思，右手摘了一個，挾在左臂下，再用左手去摘，挾在右臂下，雙手不斷的摘，水果不斷的從臂下掉到地上，看到人來了，趕緊跑，這就是人生。這個錢抓來放銀行，那個錢抓來買股票，然後走時，兩手空空，什麼都沒有，同猴子抓水果一模一樣。有些猴子心平一點，抓一個兩手捧著就把它吃掉了；如果要偷的話，一定一個都沒有。

這一段完全講工夫，陰極陽生，陽極陰生的境界，隨時在變動，不要認為清明境界一念不生能一直保持住，如果一念不變去，你就是妖怪了，妖怪就叫外道。我們守住一念，久了以後就落在枯禪，沒有生趣。事實上它一定會變的，中國道家稱為「九轉還丹」，一層層的變化，真到後來得了果位，「果熟兼猿重」，猿代表心意。但這一段工夫是「山長似路迷」，果熟要慢慢修得。我們打坐三天就想證果，沒有這回事。要慢慢地，有時連自己都懷疑，好像沒有希望了，就是山長似路迷，這些都是講工夫。

最後兩句：「舉頭殘照在，元是住居西。」現成的境界，抬頭一看，好像在黑暗境界中，光明掉了，不過還有一點殘照在，原來那個靈靈明明的還在，就在那個房子西面。「住居西」是雙關語，也可說是西方極樂世界，這極樂世界不一定代表西方淨土佛國，而是代表自性清淨。

法眼宗非常平實，但偏重於文學方面，比較著重文字。《指月錄》記載了這一首，《五燈會元‧卷十》，則錄了另外一首。法眼禪師與李王賞牡丹花談天，五代的李王，就是唐太宗的後代末路王孫。李王很尊重法眼禪師，是法眼禪師的皈依弟子。有一天，這位小王請法眼禪師同賞牡丹，一方面問佛法。牡丹代表富貴，賞完花後，李王請他作首偈子，他當場就寫了一首詩：

擁毳對芳叢　由來趣不同
髮從今日白　花是去年紅
艷冶隨朝露　馨香逐晚風
何須待零落　然後始知空

天氣涼了，他們披著披風對著牡丹花叢。「由來趣不同」的趣字同趨，走的路不同。

「髮從今日白，花是去年紅。」這兩句真好，但是襲自杜甫：「露從今夜白，月是故鄉明。」不過偷得很高明。

「豔冶隨朝露，馨香逐晚風。」描寫花，好詩。

「何須待零落，然後始知空。」他對這個末代王孫說：你趕快去修道，時代已經結束，不是你的了，何必等到花掉下來，你才知道是空的呢？正此時，恰到好處，你趕快收場，這句子寫得多高明。又在《指月錄・卷廿二》有：

師頌三界唯心曰：「三界唯心，萬法唯識。唯識唯心，眼聲耳色。色不到耳，聲何觸眼。眼色耳聲，萬法成辦。萬法匪緣，豈觀如幻。大地山河，誰堅誰變。」

這就是法眼這一系的禪宗，後來法眼一系發展下來，到了宋代，除了永明壽禪師以外，就是浮山遠禪師。

如果研究中國文化發展史，要特別注意溈仰宗的九十六圓相。溈山禪師乃百丈禪師的弟子，仰山禪師是溈山禪師這一系來的，跟著下來就是臨濟、曹洞，時代已到晚唐、五代。雲門、法眼則是五代了，浮山遠禪師、永明壽禪師已到了宋朝。這中間一差就兩三百年，我們幾句話就帶過去，幾百年一剎那而已。

時代愈向後發展，簡單的方法也越形繁複，同現在科學一樣，分工越來越精細。臨濟的四料簡、三玄三要，到了曹洞就是五位君臣，雲門的顧、鑒、咦也過去了。到了浮山遠禪師，演變成「九帶」，這九帶成了東方文化，傳到日本，變成工夫方面的術語，黑帶、黃帶……等九條帶子。這就是從浮山遠禪師的九帶演變來的，九帶就是九個類別。

現在的禪宗很可憐，一般人以為打坐是禪，參話頭是禪，默照也是禪，還有一種把沉思冥想也當作是禪，這就很嚴重了，宋朝大慧杲禪師稱這個是「默照邪禪」。

還有一般講禪學的人，講得就更容易了，比如說：見桃花而悟道啦；見山不是山，見水不是水，見山又是山，見水又是水；這是大家最喜歡講的，搞禪學的書上常有。窮人上街，百貨店裡擺些什麼，經常沒有看見，見百貨不是百貨，那不是禪了嗎？

還有靈雲禪師見桃花而悟道，這個故事很有名。靈雲禪師參禪參了二、三十年，參不通，這一段誰都不去注意，有一天，他在放鬆之間抬頭一看，看到桃花，噢！原來這個，悟了。他寫了一首偈子：

三十年來尋劍客　幾回落葉又抽枝
自從一見桃花後　直至如今更不疑

這也等於一個比丘尼悟道時所作：

竟日尋春不見春　芒鞋踏破嶺頭雲
歸來手把梅花嗅　春在枝頭已十分

靈雲禪師參禪參了三十年，「自從一見桃花後，直至如今更不疑」，同迦葉尊者一樣，釋迦拈花，他就微笑了，他究竟悟個什麼？為什麼種桃花的人，一輩子也沒有悟道呢？這是問題——話頭。

如果講見桃花悟道，那麼達賴六世當然也悟了道，他的情詩便有：

美人不是母胎生　應是桃花樹長成
已恨桃花容易落　落花比你尚多情

如果在這些文字上湊，一輩子也搞不清楚，人都搞瘋了，變成一個瘋狂的人。靈雲禪師見桃花而悟道，與釋迦牟尼佛睹明星悟道，是同一個道理。同虛雲和尚打破茶杯，也是同一個道理。靈雲禪師用功三十年一直在找，找不到。至於三脈七輪、奇經八脈，在他則已經不在話下。有一天，忽然放鬆一下，站起來，要鬆弛鬆弛，一看花，花還是花，我還是我，眼睛看到花的時候，心念已經不在花上了，那個視力的功能回轉來，視而不見，眼裡沒有桃花，心裡也沒有桃花，這時正在用功吃緊之際，心裡很緊張，抬頭一看這個東西，眼睛對著它，馬上一返照，心念頓時一空，如此而已，沒什麼稀奇。豈止看桃花而悟道！看什麼都一樣。

我有個方法可以試驗，你去跑上幾圈，跑完了以後，剛剛站住，氣還沒有回轉來，只要有人拍你一下，對你說：好了，你已經到家了。那時你一定以為你悟了，心裡覺得很踏實，有悟了的感覺。這是心理狀態，騙人的。

像這樣的「禪」，後世太多了，不能亂搞，這不是真的禪。因此，雪竇禪師作了一首詩說：

潦倒雲門泛鐵船　江南江北競頭看
可憐多少垂鉤者　隨例茫茫失釣竿

這是指後世參禪的人，連我們在內，現在都在這個境界裡，「隨例茫茫失釣竿」。江南江北到處的人，都想上這隻船，等於我們到處求師，到處鑽。但是別說學的人沒有學成，連那些教的人，想釣釣看有沒有大魚，結果是「本欲度眾生，反被眾生度」，連自己的釣竿都弄掉了。

古代人學佛的路子和後世人有何不同？佛並沒有說明心見性就是禪。那些認為了生死就是禪，以及明心見性就是禪的想法，是中國宋元以後的禪宗講的。佛在靈山會上拈花微笑，千古以來很少有人參透，我經常教人參這個公案，佛為什麼拈花？迦葉尊者為什麼微笑？這裡頭有見、修、行，三要都在內，不是那麼簡單。再說佛傳禪宗心法時說：「吾有正法眼藏，涅槃妙心，實相無相，微妙法門，不立文字，教外別傳，付囑摩訶迦葉。」佛並不是說：我有直指人心，明心見性法門，付囑摩訶迦葉。這是後世改的，雖然意義差不多，但是文字一改，觀念完全不一樣了。如果明心見性就是禪，那什麼是心呢？有問題，這是第一樁錯誤，很嚴重。

第二，自達摩祖師東來，一直到六祖以前，他們的直指人心，見性成佛，是怎麼指？決不是六祖以後這一套指法。以二祖那樣的學問，那樣的修持，最後還是心不能安，要求安心法門。難道他那麼沒出息？以他的學問、修養，應該早就安心，就像我們看空了人世間一切等等，怎麼他還沒安心呢？乃至他得法以後，再傳給三祖，自己又到花街柳巷去玩了，還說是在調心，這是什麼道理？難道他連我們都懂的道理都不懂嗎？

第三點，三祖來見二祖時，三祖一身是病，古代講「風病」，就是現代講的血壓高、神經痛、骨節發炎、渾身是病，求二祖替他懺罪。二祖對他講：「將罪來與汝懺。」要他把罪業找出來，然後為他懺悔。二祖對三祖這樣說，過了好一會兒，「良久，曰：覓罪了不可得。祖曰：與汝懺罪竟。」三祖由此悟了，病後來也好了。這個可不是普通心理上有個空的念頭而已。病由業生，業由心造。二祖等於告訴他，你心若空了就沒病，後來三祖的一身風病就好了。這悟個什麼？這是心物一元的心，如果只從意識心上講：噢！我心好清淨，我解脫了。解脫個什麼？解脫不了的。他的病從此好了，這裡值得注意。

四祖來見三祖時，和二祖見達摩祖師的公案類似。四祖當時年紀很小，才十四歲，「來禮祖曰：願和尚慈悲，乞與解脫法門。」三祖一聽，反過來問他：「誰縛汝？」到底誰綑住了你？四祖琢磨了一下說，沒有人綑住我呀！於是三祖就說：「何更求解脫乎？」那麼你又何必求什麼解脫呢？小小年紀的四祖，這樣就開悟了。

五祖見四祖的事更怪了。達摩祖師傳下來的，四祖交不下去。一天，長住山上的一個栽松道長，來找四祖求道，四祖說你年紀太大了，如果能轉個身來，我等你。這個老道人就投胎去了。如說他沒悟道，他要來就來了，轉個身就來了。雖有這個本事，卻還沒悟道。四祖還真的等他來，這個公案也要注意。

後世自從一講心即是佛，處處都拿心來講，固然中國南方流行這種很普通的方法，但流弊大得很，後世人拚命弄個話頭在心裡塞，那就更錯了。

禪宗的一種教授法，叫作「圍起來打」，也就是無門為法門。在學的人本身，八十八結使，隨處可以圍起來打。脾氣大的，把他挑大；貪心重的，就把他挑重。有個大官來見藥山禪師，問：經典上說：「黑風飄墮羅剎國土」，這是什麼意思？這人學問很好，官位也高，問話時也規規矩矩的。老和尚卻一副鄙視相，說：憑你，也配問這一句話？這一下真把他給氣死了，年紀那麼大，地位那麼高，規規矩矩問他，老和尚卻那麼無禮地回答，恨不得打他一巴掌。老和尚這時輕輕地點他：「這就是黑風飄墮羅剎國土。」他悟了，立刻跪下來。

禪宗的教育法就是那麼妙，曉得你脾氣大，就故意想個辦法逗你，等你脾氣很大的時候，就來拍馬屁，不要生氣了，這就是無明，無明就是你這樣。於是這個人悟了，這個時候心是清淨的。

貪、瞋、癡、慢、疑等等，用各種方法，圍起來打，沒固定的方法，準要打得我們，如同靈雲見桃花而悟道一樣，然後說，對了，對了，這就是了。

但如果認為這就是禪宗，那才是自欺欺人呢！這是第六意識偶然清淨的境界，等於用香板點人一樣，一下子空了，意識清淨了，只認識了這個。如果認為這個是「心」的話，就大錯而特錯，不是的。

明心見性這個說法的流行，是六祖以後，一代一代演變下來的，越到後來就越沒有真禪了。像現在這個情形，不需要搞佛法，任何人可以做到，只要把一念空了就好了。想把心念一下清淨下來，方法多得很，如眼睛平視前方，前面擺一個發亮的珠，或佛像、菩薩，眼盯著看，心念就會慢慢清淨下來，催眠術也是這樣。

密宗的修法，也是圍起來打，要發大脾氣時，有個清淨的房子，把你關起來，給你幾天，儘量發，發到累了，氣自然也沒有了。貪心的人，找個地方給你貪，貪夠了，你就沒有了，都空了。看光也是同樣的道理。

但這一切都離不開這個身體，離不開色陰區宇。不管學哪一種宗教，覺得有個清淨境界時，身體還在，氣脈還調馴，四大還安適，心意識上偶然清淨，都會錯認它就是道，其實都離不開生理作用。

大家自己觀察一下，這時如果感冒了，或得重病了，還是會煩惱會痛苦，明知道心是空的，卻空不了。有些人本事好一點，躺在醫院時，問他：「這個時候清楚嗎？」「清楚。」「痛不痛呢？」「難過。」再過幾天病重了，你問他：「你曉得嗎？」「不知道了。」「還有沒有工夫？」「沒有了。」可見一切都是生理作用，這個唯心悟了有什麼用？所謂工夫又何在呢？換句話說，你這個工夫沒有身體幫忙不能成功。

至於人人動輒講氣脈，氣脈是很自然的，一個人定下來，氣脈沒有不起反應的，連睡覺時都有氣脈，這是地水火風，身體上自然反應而來的。但是一般人靜坐時，有個很糟糕的心理，一邊在打坐，一邊想成佛成道，禪宗叫作「偷心不死」，貪便宜，偷巧。人有很多壞心理，玩聰明，這些就是偷心。

有偷心，就有一個目的在求。生理的種種自然現象，配合心理上的錯誤觀念，便認為它就是清淨，這就是道，都是在這裡頭玩，究竟道是什麼？明心見性是什麼？也根本沒有見到，所以大家學佛沒有好好學。

現在看〈三界天人表〉：〈三界天人表〉的秩序，等於我們的身體，下面欲界，中間色界，上面無色界。按照中國道家的說法，下面煉精化氣，中間煉氣化神，上面煉神還虛，達到空的境界。

所謂氣脈是什麼呢？佛家講四大，即地水火風。做工夫有四禪，四種定境。不管般若也好，真如也好，悟了道的人，不能不走禪定的路，道理再高明，沒有定力也是不行。定力達到初禪，是離生喜樂，喜是心理的，樂是生理的。如何發樂？樂由精生。精不充滿，發不出樂，但凡夫眾生精充滿之後，男女淫欲之念——無明就跟著來了。如果解脫了無明欲念，轉化了它，昇華了它，才能煉精化氣，才能達到心理上喜的境界。

前天有個同學筆記上寫：「法喜充滿，喜也是妄念，是大妄念，大結使。既然是妄念，佛法為什麼提倡喜呢？」因為喜的另一面，是陰的一面，就是煩惱。喜是陽面，有喜則陽氣生。善能生陽，所以佛法的道理，取陽面的善念。總算有個同學提得出來這種問題。

喜樂也是妄念，不過喜樂是陽面，是善念之所生，善也是念，所以四禪八定的境界也是念。只有到達徹底的捨念清淨——四禪，才算擺脫了念。我們都想死後不再轉人身，而升入天道，但是沒有禪定就無法升天道。這裡特別提出一個問題，大家有沒有研究佛經，知不知道這個世界將怎麼毀滅？知不知道有三災八難，三個大劫？現在我們來研究一下這些問題：

《瑜伽師地論・卷二》：

「又此世間二十中劫壞，二十中劫壞已空，二十中劫成，二十中劫成已住。又此中劫復有三種小災出現。」此時地球還在儉災、病災、刀災。這且不談，這只是人世間的劫，而宇宙卻有三大劫——火劫、水劫、風劫。

我們修十善業、修戒、定、慧，在沒有悟道前，因戒定慧的善果修得好，才能升天。但升了天道就沒事了嗎？等火劫來時，地球中心的火山爆炸，甚至連太陽也爆炸了，燒到二禪天下面。大梵天以下，整個都燒掉了，日、月都沒有了。火劫來時，初禪天包括三十三天，一直到二禪天邊上。

二禪天以上火劫燒不到，但水劫來時，整個銀河系統都毀了，那時二禪天的頂都淹沒了，達到三禪天邊上。

三禪天水災毀不掉，可是風劫一來，整個大氣層，物理世界崩潰時，三禪天也毀了。

只有到了四禪天以上，無念真空的境界，三劫才達不到，這是佛經大小乘經論上，說得清清楚楚的。宇宙的成住壞空，佛經記載得很詳細，大家要好好的去參究。一般人研究經典，特別愛搞學理上的哲學問題，這些實際的問題，卻都不去碰它，都把它丟掉了。

我們身體也是地水火風來的，一切妄念，尤其男女的愛欲，都在火、水兩個大災裡面。欲念滋盛了，就有笑、視、交、抱、觸，然後就有黏液，身上的液體就起變化，賀爾蒙起了變化，再整個發散，整個禪定也就跟著沒有了，垮了。

氣脈不調馴，風災到了，就是到了三禪都靠不住，什麼叫悟道？騙誰啊！所以古德言「參要真參，證要實證」。身與心是一個心，是心物一元那個心，要把那個功能見到拿住才行。當你修到妄念不起，只是第六意識一點點境界，那還沒跳出第一個火災的範圍，什麼妄念不起？逗你一下，瞋心就起來了。「一念瞋心起，八萬障門開」，這個人你不喜歡理他，瞋心就起了。儒家善惡是非太分明，屬於瞋心，所以善惡是非過分分明就是瞋念重。「不俗即仙骨，多情乃佛心」是貪念重，「落紅不是無情物，化作春泥更護花」，這也是貪念重的描寫。「唉！什麼都可以放得下，就是某一點我放不下。」這是癡念重。然後想：「我如果一放下，一修一定成功。」這個想法是慢念重。然後：「唉！可惜，當時我就是沒有幹好。」這是悔念重，人人都在悔。然後一邊修道，一邊又在懷疑，自己究竟有沒有希望，自己也茫茫然無把握，這是疑。總之，貪瞋癡慢疑，沒有一樣不重。

我們自我檢查，第六意識縱然沒有起來，半天也沒動過，清清明明，那只是枯禪罷了。第六意識偶然的一個清明的現量呈現出來，也是不算的，因為逗逗你就完了。而且這個清明面還要靠身體好，氣脈通。如果風災一來，來個病痛，氣脈堵住了，這一點禪早就跑掉了，這是身上的風災。所以氣脈之說有沒有？絕對有。地水火風調和不好，不要談道。此身都不能轉，還轉個什麼心啊！轉不了的，絕對轉不了的。

火、水、風三大劫一來，初禪、二禪、三禪諸天都沒有了，整個世界毀掉了，太陽、月亮都毀了，何況我們這裡。你說那個時候，你還在一念清淨，三際托空，看你那時空不空！因為我們現在的三際托空，是靠身體四大偶然的調和而形成，不是真到了明心見性，這點要特別注意。

因此，後世的禪，都把第六意識偶然一點清明的念頭，當成道法，現在很多人都認為自己到了，卻忘記了這個清淨，是發生在身體最健康的時候。實際上，此時測量腦波，腦波還在動，心電波也還在動。腦波也可用心意識控制，我們的心念可以控制自己的思想，可以做到讓它停止。但是必須要身體絕對健康，如果身體不健康，再要硬性控制意念，腦神經就會錯亂，所以，氣脈就有如此重要。在身體尚未健康時打坐，觀念一錯誤就會導致神經問題。許多搞宗教的人，都遭遇這種情形，就是因為生理、心理都不健康。絕對健康的人才能夠修道，才能夠談明心見性。至於那個心是怎樣明的呢？怎樣見的呢？教理與工夫，都要一樣樣配合，《楞嚴經》已露了一點消息，你們要用智慧去參啊！

關於《瑜伽師地論》，重要的部分將依次介紹，《瑜伽師地論》的內容，可說是美不勝收。

禪宗是用般若談法性。唯識則偏重於法相。般若這一派學問，根據一般後世佛學家的說法，是龍樹菩薩的系統，我們也順著這麼說。唯識與龍樹有關，也是這個系統來的。性相二宗，在這一兩千年以來，印度同中國一樣，都為這兩個問題互相爭得厲害。

性宗以般若為宗，認為畢竟空，徹底的空；相宗以唯識為宗，認為勝義有。所謂勝義有就是說：一切萬有的現象與作用，都是空的，無自性，但是「那個」東西，形而上的「那個」叫作勝義，是真有的，不過不是世間法的有，而是有這個功能。世上一切萬有的功能，都是由它生的，不是沒有。勝義有及畢竟空，兩派爭得很厲害，是學術意見之爭。在我看來，般若都是講有，唯識恰恰講空，有些人拿著雞毛當令箭，爭來爭去，真是無聊。

為什麼說般若談有？《心經》云：「舍利子，是諸法空相。」他沒有說：舍利子，是諸法空「性」。諸法空相，一切相空了。最後告訴我們：「真實不虛」，可見是有。

唯識宗呢？以六經十一論為宗，《解深密經》上佛說：

阿陀那識甚深細　一切種子如瀑流

我於凡愚不開演　恐彼分別執為我

這明明是講空嘛！佛不是說得很清楚，還有什麼好爭的。不過沒關係，讀書人不爭論還有什麼事情可做呢？讀了書就是要爭，爭名嘛！（眾笑）

這兩個系統後來有一點不同，所以達摩祖師要我們以《楞伽經》為根本。《楞伽經》是性宗、相宗主要的經典，也是禪宗及唯識宗的主要經典。既然談到《楞伽經》，又非懂得唯識法相不可。再回轉來看禪宗，每個祖師，從臨濟、溈仰、曹洞、雲門、法眼沒有一個人不通教理，經教全通達了，最後擺脫經教而學禪。現在的人經教半點也沒研究，還動輒就說是禪宗。

我們先說明白這些道理，才能再談用功的方法。

玄奘法師所作的《八識規矩頌》中提到第八識的偈頌，「性唯無覆五徧行」，阿賴耶識無所不在，但如不因意等七個識起作用，非但不自造作善惡兩業，而且不與染法相應。所以說它「無覆無記」，把阿賴耶識轉為白淨識，就可明心見性，也就是迴轉為如來藏性。沒有迴轉過來之前，無明的這一面，都屬於阿賴耶識。

「五偏行」是作意、觸、受、想、思。這五偏行千萬要記得，打起坐來做工夫時才容易得力，才能夠窮理，就是法眼禪師所講：「理極忘情謂。」教理通了，這些瞭解了，做起工夫來才有用，理不通不行。這五偏行在前五識裡有，第六識也離不開它，第七識也有它，第八識也跑不掉，你看這五偏行多厲害。整個都是它，所以稱偏行。

大家做工夫時，有沒有把五偏行與五陰配合研究？兩者的關係要搞清楚，如果這個觀念弄不懂而要參禪做工夫，乃至明心見性，你能見個什麼性？五陰：色、受、想、行、識。五偏行裡頭也有個想，這兩個想是否為一個想？或是二想？也要分得清楚。

我們打坐坐不好，是因為妄念空不掉，為什麼空不掉呢？因為五偏行到處都在，所以妄念如何空得掉呢！觸：身體是否舒服？氣脈通不通？一觸就受，感受一定知道。想：清淨一點時，覺得一點妄想都沒有，你自以為沒有妄想，那正是思的境界。波浪性的妄念起動謂之想，像心電圖慢慢的動，好像看不出有妄想，這就是思。這五偏行的五個東西，在八個識裡充滿著，從末間斷過。當你什麼都不知道的時候，正是五十一個心所裡頭的睡眠，好像人昏過去悶絕了，或累極睡著了。唯識講這種現象是無心，睡眠與悶絕，第六意識不起現行，但那不叫作空，若叫作空的話，那是冥頑不靈的頑空。

我們今天學禪，要開創新方法，不能再用老法子。不一定見桃花而悟道，世界上什麼花都有，現在還有塑膠花呢！科學時代要科學禪，要把心理分析得清清楚楚，注意啊！今天科學愈發達，對我們學佛學道愈有幫助。這個時代的人修道，應該比過去的人容易才對，因為有許多科學的理論，給予事實上的幫助。可是一般人還停留在落伍的過去，真是「幾多鱗甲為龍去，蝦蟆依然鼓眼睛。」鱗甲都變龍飛上天了，田裡的蝦蟆還在那裡呱呱叫，鼓著眼睛大發牢騷。科學在進步，所以學禪要改個方法了。

阿賴耶識等八個識，在未明心見性以前，五偏行一定存在其中的。見道證果，五偏行便轉成妙用。《八識規矩頌・阿賴耶識頌二》：「浩浩三藏不可窮，淵深七浪境為風。」下面兩句要注意：「受熏持種根身器，去後來先作主公。」人在臨死前，昏迷了，前五識逐漸散壞，阿賴耶識最後才走。投胎時，則是阿賴耶識最先來。

現在科學時代，佛學有些問題來了。請問剛剛死的人，眼睛馬上挖下來，放冰庫裡，可移植給別人，那麼這眼識死了沒有？

同理，腎臟移植時，腎臟的命根死了沒有？

還有，佛經上講投胎的成胎的過程，當然講心臟。請問：現在心臟可以換上化合物的、鐵的，而且人還都可以活著，這又是什麼道理？我們做佛弟子的，這些問題不能不補救，不能勉強維持原說。

現在我們來看《瑜伽師地論・卷一》：

「云何發起身業語業？謂由發身語業智前行故，次欲生故，次功用起故，次隨順功用為先，身語業風轉故，從此發起身業語業。」

「此羯羅藍識最初託處」，投胎的時候，入胎之時，「即名肉心」，也當然不離心臟的關係，「如是識於此處最初託，即從此處最後捨」，死時最後離開。這裡有個問題，那麼現在的醫學把心臟換了而可活，所以科學進步了，也發現與佛經有許多相衝突的地方，但對佛經的證明以及修行上，卻是有莫大的幫助。古人翻譯佛經，心與性界限分不清楚，有時把本體叫心，妄心，攀緣心，也是心。有時候性能叫性，明心見性也是性，性質也是性，人性叫性，男女性欲也叫性，發了脾氣叫急性，究竟此「心」此「性」是哪個心？哪個性？搞不清楚。所以連玄奘法師算在內，用肉心這兩個字，用得太武斷了，是有問題的。但古今字彙不同，他也沒法。

人死了，意識先離開身體，第七識也先沒有了，在全身還沒有完全冷卻之前，第八識仍沒有離開。趁著眼球這一點煖、壽、識的餘力還在時，如果趕快把眼球挖下來，仍可移植。這種餘力有個例子，就是把蚯蚓切成兩頭，兩頭都在滾抖，請問它的「心」究竟在哪一頭？又如一種靈蛇，把它砍成三段，三段都在跳，如果這條蛇是在山裡的話，那段蛇頭立即去找藥草，相傳雲南白藥就是這樣發現，找到藥草回來，馬上自己把三截接起，又變成一條蛇了。請問蛇被砍成三截時，心在哪一截？

古人對這個問題有個答案，就是說當蚯蚓被切成兩段時，不是心不心的問題，這叫「餘力未斷」，是心的業力所起的作用，稱為餘力未斷。等於我們死了，身體還未完全冷卻時，眼睛馬上挖下來，這時眼識的餘力還在。但醫院處理卻馬上把它冷藏起來，這時不是又把餘識凍死了嗎？這又是什麼道理？

所以現在學佛的人要注意，不要自己關起門來，天上天下唯我獨尊，必須把佛學和科學配合起來。我們求道做工夫之所以不能進步，是因為求證的方法都是茫茫然，外加自我陶醉，自欺欺人，這些都是問題。

所以我們這一次，特別要把物理同心理兩方面的資料，找出來討論，要大家特別注意。

第十七講

內容提要

說圓悟勤
聞思修是什麼
信之難
說定
昏沉定世間定
修定
修空與枯禪
修有與緊張
調整色身

我們的課程，照預計時間已過了一半以上，但對於修證課程的內容，似乎還不到皮毛的十分之一。所以深深體會到，佛說法四十九年，卻說沒有真正說上一個字，就是這種感覺，很著急。

因此，心裡想變更一個方法，好讓大家得到利益，至於大家能不能受益，就不得而知了。這一兩天，想到了很多方法，直到上課前，才決定用禪宗公案。這個公案曾寫出來過，是為了一個朋友寫的，當時他在醫院正處於緊急狀態，結果已來不及了。

這個公案，參禪的人要特別注意，乃至於學道家、密宗的人，都要特別注意。這個公案是南北宋時代最有名的禪宗大師圓悟勤（《指月錄・卷二十九》）。

南北宋時代的圓悟勤禪師，可以說是劃時代的人物。嚴格研究起來，宋代理學家的思想發展，及修養的變化，都與圓悟勤禪師有關係。圓悟勤的大弟子，就是南宋鼎鼎有名的大慧杲禪師。大慧杲以後，禪宗就慢慢沒落。到了元明，就更加衰落了。

圓悟勤是一個了不起的禪師，也可以說是由唐以來，禪宗修證即將結束的一個階段。圓悟勤之好，在於學問好，修持好，樣樣好，足以作為修證榜樣。他是四川人，以前有個朋友說：中國每一個朝代的末期，第一名狀元都是四川人。還有一個朋友說：武則天是四川人，王昭君、楊貴妃等美人，也都為四川人；到了朝代更替，大禪師也都是四川人，這就很妙了。

圓悟勤家世儒宗，讀四書五經，以孔孟為教，世間的學問研究得很好。據傳記上說，他「日記千言」，記憶力之強如此。小時候有一天到了一個廟子去玩，廟裡有佛經，他拿起一本佛經看，就傻了，當時，「三復悵然，如獲舊物。」第一次看佛經，就自然被吸引住了；再看，捨不得馬上丟，看了一段，又回轉來看，如此三次。讀完了佛經以後，很難過，好像掉了東西一樣，非常惆悵。便想，我過去前生一定是個和尚，便要求家庭准許他出家了。

研究高僧傳記，發現其中十分之六、七，都是儒家的家世，開始完全是中國傳統的觀念，反對佛教，結果成就的，都是這一類的人。這也是個話頭，是個大話頭，自己去研究。

圓悟勤出家以後，就跟著一個法師學教理，以他的天資，佛學的道理通透極了。這時，有個機會來了，他生一場大病，病得快死了。據後來他成道得法後，上堂說法所講的情形是：我那時候的確死了，只覺得前路是黑茫茫的。總算給他一掙，我不能死，還沒有成道，給他又蹦回來了。

這裡頭是個問題，是不是人死了以後，有這個勇氣可以蹦回來？如果拿唯識學來研究，圓悟勤不一定是真死了。比方說抗戰時軍中有位朋友，被炮彈打死了，後來又回生。事後說，死是很痛快的，子彈打過身上冰得無法形容，非常痛苦，痛苦以後，感覺非常舒服，那種舒服只有一剎那，一感覺舒服就完了，死過去了。剛死的時候，先是什麼都不知道，茫茫然，空空洞洞的，的確是中國人形容的「黃泉路上」，灰灰黃黃的一片。以後怎麼活過來也不知道，只感覺自己好像在跳板上一樣，就是那麼一翻，就回來了。這不是全死，阿賴耶識還沒有離開，這一種現象在中國《禮記》上稱作假死。

圓悟勤禪師所講的死究竟如何，也是一個問題。我們學佛修道是科學的，不是隨便講，該怎麼信就怎麼信，並不是不信，而是對自己修道應該負責，不能盲目的自欺。

圓悟勤活過來以後，覺得佛學到此時什麼用都沒有，深深感覺研究學理，不能了脫此事，必須要修持。他對師父表示，要另投明師，走修證的路子。《金剛經》上說：「若以色見我，以音聲求我，是人行邪道，不能見如來。」而他認為當時念經是聲色中求，於是他走了，到當時禪宗很有名的真覺勝禪師那裡去求法。真覺勝禪師是悟了道的，名望、道德、修持工夫都很高，圓悟勤去看他時，他正在生病，膀子上生瘡，很痛苦，瘡爛了，流出血來。圓悟勤一到，向他跪下求道，真覺勝指著瘡上流出來的血說：「此曹溪一滴法乳。」圓悟勤一聽，得了道應該了生死，結果生大瘡。這且不說，流出來的膿血，髒兮兮的，還說是曹溪法乳，怎麼不懷疑呢？這就是話頭。圓悟勤給他說得愣住了，師父！佛法是這樣的嗎？這個老和尚一句話都不答，這是最高的教育法，禪宗的教育法，決不答覆你，把你圍起來打。老師的答案，對你沒有用，修道學佛，要自己找答案求證。

圓悟勤找不出道理，只好走了。離開四川之後，他參訪的都是宋朝第一流的大禪師，那個時候不像現在，真修持真悟道的人很多，圓悟勤參遍了各處，後來找到晦堂禪師。晦堂一看到圓悟勤，就告訴大家，將來臨濟一派的道法，就在這年輕人身上，等於預先給他授記了。有時候鼓勵人也不是好事，這句話使圓悟勤中了毒，他想老前輩都說我了不起，結果就狂傲了起來。後來到了五祖廟，住持是有名的五祖演，比起其他禪師，算是較年輕的一個。圓悟勤把自己平生所學的佛學，用功的境界，統統與五祖演討論。但五祖演卻從未許可過他一句。他氣極了，不但大吵，連三字經都罵出來了。五祖演說：克勤，你罵也沒用，你必須要再生一場大病，寒熱交侵，前路黑茫茫的那個時候，你才會想到我這個老頭子的話沒錯，你去吧！

圓悟勤走了以後，到了江浙一帶，至金山寺，大病來了，他把平常的佛法，《金剛經》《楞伽經》《楞嚴經》的道理都拿出來；然後把平常用功的境界，氣脈、玄關等等也都搬上來，但是抵不住病，更抵不住生死。這一下他哭了起來，才發了願：假如我不死，立刻要回五祖演那裡去。總算後來病也好了，立刻回去對五祖演說：師父，我銷假回來了。五祖演很高興，也不問他是否生過病，只叫他去禪堂，一方面當他的侍者，正式用功以外，一方面也可以出入方丈室，侍候五祖演。

這裡有個問題：傳記記載得相當清楚，他很用功，也有許多境界，平常打坐也放光，也動地，儼然得道的樣子。但這是不算數的，一到了死關，六親不可靠，父母兒女也不能替代你，什麼鈔票、地位也救不了你，黑茫茫的，阿彌陀佛也救不了你，想念佛都沒力氣了。當你鼻孔加上了氧氣罩，那時，你抵不抵得住？平常佛法講得天花亂墜，這時卻沒有用了，這個事實是真的，他到了這時才回轉來。圓悟勤一生得力處，就是幾場大病。不要以為我們現在還年輕，體力、精神還好，有一點境界，有一點工夫，又會搞佛學，又有一點思想，但這些都沒有用的，到了那個時候來不及了，只有哎喲哎喲叫的份。

那時的圓悟勤，起碼已有十幾年的用功，佛學也通，工夫也不錯，自己也認為悟了，結果大病一場，差一點過不去了。還有一個問題，真覺勝老和尚的曹溪法乳，這個話頭一直掛在圓悟勤心裡，沒有解決。再說這個道究竟是唯物的？還是唯心的？說氣脈通了你就得定，那是唯物的；沒有這個身體的時候，氣脈依何而來呢？如果氣脈通了就是道，那修個什麼道？那是唯物的。如果說一切唯心造，那我們坐在這裡，要它任督二脈通就通，結果想它通，它還是不通，這又怎麼叫唯心呢？若說工夫要慢慢等待，等生理自然的轉化，那不是唯物嗎？如果是唯物，那還叫修道？這些都是問題，如果你認為氣脈搞通了就是道，那是玩弄生理感覺，與道毫不相干。

有一天，圓悟勤的機會來了，有個提刑（官名，等於現在的最高法院的首席檢察官）是位居士，來看五祖演，問佛法心要，五祖演禪師對他說，你曾讀過香艷體的詩吧？我問你，唐人有兩句香艷詩：「頻呼小玉元無事，只要檀郎認得聲。」古時候小姐想通知情郎，沒有機會，故意在房裡叫丫頭的名字，實際上是叫給心上人聽的，表示我在這裡。和尚講禪，講到這裡去了，而且只提這兩句，那位提刑就悟了。

我們念《金剛經》也是呼小玉，念《華嚴經》也是呼小玉，「頻呼小玉元無事」，通過經典我們要認識這個，現在講課也是「頻呼小玉元無事」。

這位提刑悟了，當然，悟有深淺，五祖演對他說：「達到這裡，還要仔細參。」講這段話時，圓悟勤剛進來，看到師父在接引人，便抓住機會，在旁邊聽。這時便接上問：「這位提刑就這樣悟了嗎？」五祖演說：「他也不過只認得聲而已。」換句話說，懂是懂了，不過只有一點，沒有徹底。圓悟勤再問：「師父，既然只要檀郎認得聲，他已認得聲了，還有什麼不對呢？」

說到這裡，插進一段話，關於《楞嚴經》觀世音菩薩圓通法門，文殊菩薩讚歎說：「此方真教體，清淨在音聞，欲取三摩提，實以聞中入。」娑婆世界的教體，修道成佛的最好方法，就是以觀世音菩薩音聲而入道。所以修觀世音法門的人，都在聽聲音，如唸南無阿彌陀佛，自己回轉來聽聲音，還有些人放錄音帶來聽，然後再找動靜二相了然不生，結果越找越不了然，因為這不是真正的觀音法門。

翻開《楞嚴經》來看看，觀世音菩薩講自己「從聞、思、修入三摩地」。什麼是聞？佛說法，我們懂了，因聲而得入，聽到、聽懂這個理就是觀音，理還要研究就是參，就是思。把理參透了，加以修持，才進入觀音法門。誰說光是聽聲音啊？佛學也告訴你，聲是無常，聲音本來是生滅法，抓住聲音當成道，怎麼能證果呢？觀世音菩薩的法門，都被我們蹧踏了，他明明告訴我們：「從聞、思、修入三摩地」，結果大家都不用正思惟，光去聽，等於圓悟勤這時要懷疑的問題。

五祖演眼睛一瞪，問他：「如何是祖師西來意？庭前柏樹子。聻！」圓悟勤給他這一喝，魂都掉了，然後回轉身就跑。這個時候很妙了，用功沒有得到這個經驗，是不知道的。這時候，真是茫茫然，自己的身體也忘掉了，他回身就跑，一路跑出來，跑到山門外面，看到山門外面一群野雞停在欄杆上。這個小和尚咚咚咚大步跑出來，野雞一聽到聲音，就展翅飛了起來，聽到野雞的鼓翅聲，圓悟勤真悟了。便說：這豈不是聲嗎？不過悟了以後，還有一大段工夫路子要走，悟了以後還是要修的。

圓悟勤寫了一首悟道偈子，呈給五祖演，也是香艷體的。這也是個話頭，他們師徒本來都是戒律森嚴的，現在都在作香艷體的詩，豈不是犯綺語戒嗎？

金鴨香銷錦繡幃　笙歌叢裡醉扶歸
少年一段風流事　只許佳人獨自知

五祖演這一下高興了，說：克勤啊！成佛作祖是一件大事，不是小根器所能談的，你今天如此，我都替你高興。從此老和尚遇人便說，我那個小侍者已經參得禪了。到處宣傳，圓悟勤的名聲從此傳出去了。

上面是圓悟勤的悟緣，處處都是話頭。

人世間的事，有它的理，一定有這件事；有這件事一定也有這個理。比如說，鬼、神究竟有沒有？這是一件事，一定有它的理。有時候有這件事，但我們不明其理，因為學識、智慧不夠；有時候我們懂這個理，而沒有辦法達到這件事，那是因為經驗不夠，實驗不到。比如大家學佛，懂了很多佛的理，最後工夫一點都沒有做到，不能證到，所以修證事理不能配合是不行的。第三是行願，更重要。要真正的認識，一切都由於行願，行願之所以不到，又是因為見地不夠，也就是認識不夠。

平常一般走學佛路線的人，一種是宗教性的，認為只要有信仰就行了。這個信仰就是把我們所有懷疑的問題，生命怎麼來？怎麼去？宇宙的問題等，一概交給一個超越於我們以外的力量，這個力量的名稱或形狀，都不去管它。但是，這一部分的人，我們想想看，以我們自己來推己及人，我們學佛修道的，自己檢查自己，真信了佛嗎？不見得！真相信有六道輪迴、三世因果嗎？不見得！不要自欺了。所謂真相信佛，生起病來，病由業造，業從心生，心即是佛，我就相信佛，要死就死嘛！連醫生都不去看，試問你幹不幹？

比如三祖找二祖，四祖找三祖，如出一轍。三祖一身是病，求二祖懺罪，二祖說：「把罪拿來替你懺。」三祖良久說：「覓罪了不可得。」二祖就說：「好了，已經替你懺罪了。」三祖當下就悟了。

再說四祖向三祖求解脫法門，三祖就問道：誰綑著你了？四祖回答說：沒有人綑我。三祖則說：那又求個什麼解脫？四祖言下也悟了。

再說我們行不行？不要說一身是病，就是感冒流鼻水，頭又痛，問：「誰綑你啊？」「感冒綑我。」你說一切唯心造，你怎麼不解脫呢？如果說這是病，解脫不了，要求懺罪，那就不是唯心了，這是問題，不要自欺啊！當然也有真正信仰非常強的人，他可以把病減輕，甚至可以沒有，這是一個方法，但非常難。所以《華嚴經》第一個提「信」，「信為道源功德母」。不過，信是非常不容易的，所以菩薩五十五位，第一個講信，皆由於實信非常之難。當然這個信是超一層的，不是迷信的信，要確實的信。老實說，我們做不到，當然做不到也就是工夫不能到，也就是行願不能到。

我們之所以做不到，是因為有兩個心理毛病，一個是癡，愚癡，沒有真正的智慧；一個是我慢，人們不大肯相信他人，還是相信自己，不但對佛菩薩如此，對師長也如此。

另一類的人，就是我們這一類，又打坐、又參禪，個個都有道理，不是這裡通了，就是那裡通了。不管參禪也好，淨土也好，觀空也罷，止觀、守竅也好，總不外乎兩個東西，就是知覺和感覺。在五陰來講，知覺就是想陰，感覺就是受陰，想陰的後面是識陰，知覺的後面也是唯識所變，這個道理以後會談。

學佛的人，首先遇到的一個困難，就是覺得思想、妄念不能斷。其次覺得自己沒有辦法真正入定。因此用各種方法，參話頭啦、觀心啦、守竅啦、調氣啦，守得緊緊的，想把妄念澄清下去，一般人都是在這個境界上轉。不管怎麼轉，有一點，只要肯休息，當然氣色會好一點，身體也健康起來，然後就認為自己有道。其實錯了，這與道不相干，這只是休息狀態。生病也是一樣的道理，只要能休息，病一定會好的。睡眠、打坐都是不花錢的維他命，這沒什麼稀奇，與道不可混為一談。

在這種情況下，許多人學佛學了很久，打坐也很用功，但始終無法入定，原因之一就是對定沒有認識。大家以為什麼都不知道叫定，覺得自己還清醒，就不是定，什麼叫定？有些人學佛學久了，會答覆：既不散亂，又不昏沉叫定。那是講道理，既不散亂又不昏沉到底是什麼樣子？講講看！若說沒有樣子，那你正昏沉；若說有樣子，那你正散亂。若你說覺得自己坐這兒，像藍天一樣的清明，那是幻想境界。要真做到沒有身心的存在，而與天空一樣清，無量無邊，既不散亂，又不昏沉，若能如此，則可以叫作真如，差不多相像了。

一般人總以為稍微入定，就是什麼都不知道。當你疲勞時打坐，而成真正不知道，那個是睡眠，是在昏沉，並不是入定。但是要注意真昏沉、真睡眠也是定，是昏沉定。真的，這不是說笑，為什麼？你真知道它是昏沉，這個就是定，那就不叫作昏沉；你不知道這是昏沉，所以它就是昏沉，這裡頭大有差別。在疲勞時入昏沉定並沒有錯，何以說呢？佛說百千三昧，有很多定的境界，這個是不是定的境界，問題在於你知不知道。不過這叫作世間定，世間定就是休息，普通的休息狀況不能不算。差不多一般人打坐，都是在這種休息狀況，真正的定沒有。

大家打坐都在那裡玩知覺狀態，不然就是玩感覺狀態，自己在玩弄這兩樣東西，以為是道。其實都不是，因為這兩樣東西隨時會變走的，是道就不變了。隨著環境、時間、晝夜、體能、情緒、營養等種種的不同，而非變不可，這不是道，是一種境界。境界不是道，是妄念的一種型態。

那麼如何是真正的定呢？這是需要知道的。所以趕著抽印《現觀莊嚴論》及《瑜伽師地論》。

現在先說修定。

修的定，不是悟的定，這中間有差別。其次，我們剛才提到的妄念不能斷，只因為我們在顛倒因果，把佛說的話，拿來當成自己的，然後想求證佛的境界。卻忘了釋迦牟尼佛出家以後，苦修了十二年，各種經驗都經過了，然後認為那些都不是，最後才找出一個東西來。猶如同圓悟勤一樣，生大病，死都死過了，才曉得不是，再找出一個東西來。

佛曾說：妄念本空，緣起無生。所以我們上座後，都想把妄念空掉，多笨！如果妄念空得掉就不叫妄念了。因為它本來空，佛已經告訴你那是妄、是假的。既然是假的，還理它幹嘛！為什麼在那裡空妄念？縱然你把妄念空了，那個空的境界，也是一個大妄念，那是想陰區宇。況且你那個空的境界，如果不做工夫，不打坐，也就沒有了，又變走了，可見它也是妄念。所以曉得妄念本空，上座以後很輕鬆的，不要設法去除妄念。每一個妄念來時，如果它真不空的話，別的妄念也被它擋住了，不會來了，所以這個妄念本來是會跑走的，佛經形容它像水上泡沫一樣，一個個起來就沒有了，要空它幹嘛！它本來是空的，不用我們去空它。所以我們在那裡做工夫，都是做了一輩子的冤枉事，在那裡空妄念。結果等於小孩子在水中玩皮球一樣，把皮球往水中一按，球就從另一邊冒出來，一天到晚在那裡按皮球，你說我們哪裡是在修道啊！只是在按妄念玩遊戲罷了。

如果真不去按它，我們就這樣坐著就很好了。如果你說妄念還是源源不斷的來，對，它沒有斷，可是也沒有停留在那裡，你想留也留不住。在這中間，有一個知道妄念來去的，它並沒有跟妄念跑。曉得這個，就讓妄念隨便，不理，只曉得自己「清明在躬」，知道這個就好了，多輕鬆！不過為什麼不能完全清淨下來？為什麼還是有妄念呢？上次提過了，庵提遮女問文殊：「明知生是不生之理，為何卻被生死之所流轉？」文殊菩薩答：「其力未充。」同樣道理，為什麼不能清淨呢？其力未充之故。

又一層問題來了，那麼請問這是什麼「力」？我們白天坐得好，妄念來了可以不理，清清明明的，但睡著以後，依然糊塗去也，那又怎麼說？一個學佛的人是真正學科學的人，任何一點問題都要解決，不能茫然。

那麼我們再檢查，妄念之所以沒有清淨下來，有兩個原因：一個是生理的影響，身體越不健康，病痛越多，煩惱妄念越大。於是一切唯不了心了，非要調整四大不可。所以氣脈之說是大有道理的，而且佛經上面都有，不過一般佛經把這方面的事隱瞞起來，我們看不出來罷了，並不是佛不承認。

比如唯識講二十四種心不相應行法，像時間，屬於心不相應行法之一。有人打坐，坐得好，一彈指間過了三個鐘頭，但是外界還是一分一秒的過去，你沒有辦法改變宇宙的時間；空間、勢速（如行星的行速）亦然，心改變不了，這是一。

其次，色法不屬於心法的範圍，色法單獨的成立。而且在色法裡頭，第六意識有「法處所攝色」，又另當別論。

這樣一來，不能說是整個唯心了，心不相應行，它永遠還是在行，佛的神通也拿它沒辦法。我們還學佛成道幹什麼？其實這只是唯識這麼分析，不要害怕，二十四種心不相應行法，是講意識心所的力量所不能到達之處。色法單獨成立，與意識的分類，及心所的分類單獨成立；但是它整個的功能，都包括在如來藏裡面，所以是一切唯心，心物一元，這個理大家要弄清楚。

因此大家學佛修持，如果拿自己所懂得的一點佛經學理來講修持，變成盲目的唯心了，對心物一元有關物的方面，一點都不能轉。

現在回轉來檢討自己，坐起來煩惱思想之所以不能斷，一部分是生理影響，而且其影響幾乎是絕對的。等到有一天坐得很好，清清淨淨的時候，氣色也好看，精神也愉快，身體也沒有病，諸位是不是有這個經驗？（眾答是）好，問題來了，這個時候為什麼不能永遠保持下去呢？為什麼疲勞時，或者有其他原因時，情緒就會隨之低落，煩惱也會來了呢？所以平常縱然得一點清明的境界，好像是空了，是沒有念頭的境界，那也只是意識的一個狀態而已，是第六意識一個清明面而已。縱然是三際托空，也不過是第六意識的清明現量境而已。生理上可一點都沒有轉，第七識也沒有轉，第八阿賴耶識的習性種子，就更別談了，四大一點都轉變不了。乃至清明境界住久以後，很容易變成枯槁，情緒上沒得喜歡也不會快樂，但也不是悶，就是會沒有生機，沒有生趣，走入枯禪的境界。而且脾氣非常大，一點小事情都受不了，當然理性上會把自己壓下去，可是那個境界容易發脾氣，等於一點灰塵都沾不得，這也是個大妄念，是意識境界，這是修空的人容易得到的病狀。

修有的人更嚴重，或念咒、或念佛號、或守竅等等，如果身體哪一部分有病，爆發了，一發則不可收拾。同時神經慢慢的變成緊張了，因為它裡頭有一個東西在忙，忙著守住一個念頭，實際上那個念頭又守不住，拚命守，忙得很。所以《莊子》叫它是「坐馳」，外表看起來他在打坐，實際上裡頭在開運動會，忙得很。這種修行人，比社會上的人還要忙，真正放下的能有幾個！都不要自欺了，如果身體不絕對的健康，神經一緊張錯亂，就走入精神病的狀態去了。有這種現象的人，反應境界就很多，如耳內聽到有人講話的聲音等。

佛經記載佛的很多弟子，修到了空的境界時，很多都自殺了。他們都是羅漢，他們覺得沒有意思，早走遲走都一樣，不如早走了吧！所以空也不是究竟，都是心理的變態。修有的變態境界特別多，放光啦！動地啦！當年大陸上有位頗有名氣的居士，講《金剛經》，而且還標榜禪宗，他的本事很大，在大眾面前表演神通，大指頭一伸出，一道光就出現，一個韋陀菩薩站在上面，嘿！你們看到這種狀態不磕頭才怪。後來我去看看，對他說：哦！你那個東西也叫禪宗呀！你還是省省吧！你不拿這一套，我還想跟你討教，況且你還講《金剛經》，「若以色見我，以音聲求我，是人行邪道，不能見如來。」這個東西你若為了吃飯，你儘管去，為了弘揚佛法就免談了。

修有的路，容易發生這些毛病，但是不要光聽這是毛病，我現在問你們，這是什麼理由？你說他是魔道，是毛病，可是你試試看，你辦得到嗎？這其中當然有理由。

不管修空、修有，都是意識境界，並不是道，這些在《瑜伽師地論》意地中都說了，而且《楞嚴經》說得更明白。五十種陰魔一定要先研究，五十種陰魔還只是說大原則，沒有說差別性，這些與明心見性都不相干，與道果更不相干。

真正想求道，第一先要把學理搞通，尤其是這次講課所摘錄的經典，不管《楞嚴經》也好，《法華經》也好，乃至現在所摘錄的《瑜伽師地論》，都要弄清楚。《瑜伽師地論》是講修持程序最重要的一本書，這是彌勒菩薩告訴我們的，很懇切的告訴我們一步一步的工夫，及修證方法。另外配合《現觀莊嚴論》研究，講四加行。這個重點是一句話：心物一元。他的重點以調整四大為第一要務，四大沒有調好，而想求得定境，求得性空的境界，都只是第六意識的幻想而已，事實上就有這麼嚴重。

四大調整好了，才能夠做到忘身，轉化第六意識，初步可證得人我空。拿禪宗來講，才是破初參，破初關。如果你念頭上偶然出現一點清淨，那只是意識狀態，並未證空，這一點千萬要注意。

要調整色身，第一個是戒律的問題，而且偏重於小乘戒律，就是如何去淫欲之念、愛欲之念。要去淫欲之念，首先要不漏丹，這些修證程序是散置在佛經裡，不構成一個完整的系統。

這條戒律並不易做到，真做到了，又要瞭解如何煉精化氣、煉氣化神、煉神還虛。唐末五代以後，中國道家的丹經特別多，就是這個原因。學佛的斥之為外道，看都不看，如以《華嚴經》的偉大境界來說，你就不會不看。為什麼道家的丹經特別多，因為修禪定的經驗，而偏向於講氣脈。你懂得了以後，看道家的東西也都沒有錯。不過有一點，密宗講的三脈七輪，道家講的奇經八脈，都是在定境中自然起來的現象。古人把這個經驗、現象告訴我們以後，後世人又倒果為因，打坐時，拚命在那裡搞氣脈，這就完了，精神會分裂的，古人傳述是對的，你卻錯了。

第十八講

內容提要

水火風三劫
三界天人
宇宙的災難
人類自身的災難
心法與色法
人體的三界
無住無著無願
心體及其作用
心、意、識
變化氣質

同學問：根據佛經的記載，三界天人還受火劫、水劫、風劫這三劫的威脅，那麼，水火風三劫與修證的過程上，一定有非常密切的關係，這與唐宋以後道家的煉精化氣、煉氣化神、煉神還虛，在層次上有無必然的過程和關係？

這位同學所提的問題非常重要，我們一般研究佛學的，往往把與修證的關係分開，因此佛學走佛學的路，佛法走佛法的路，佛教走佛教的路。實際上，三位是一體的。

佛教講天人宇宙的關係，至少到今天為止，比世上所有其他的宗教、科學、哲學都來得高明。佛教的宇宙觀，尤其講得非常好。今天科學的求證，等於在給佛教的宇宙觀下註解。不過，其中尚有一些小毛病，比如拿世界觀來講，所謂東勝神洲、西牛賀洲、南贍部洲、北俱盧洲四大洲，小乘的說法是以喜馬拉雅山為中心，須彌山就是喜馬拉雅山，這個說法就有問題。如果以大乘華嚴世界觀來講，須彌山是個代名辭，可以說是銀河系統的代名辭，這個說法就擴大了。這一點討論起來很麻煩，但是真要談佛法見地的話，就一定需要了解。

按照佛學的系統來說，宇宙間太陽系統中的世界無數，地球是太陽系統中很小的一個世界。色界天已超出了我們這個太陽系統的範圍。無色界更遠，更大了。至於欲界天，他的下層是畜生道，畜生道也包括這個世界上的生物。再下層是餓鬼道，有一類細菌也屬於餓鬼道，鬼不一定是中陰身，有些是餓鬼道中的。人以上又有四天王天等等。

欲界的中心是忉利天，又稱三十三天。為什麼叫三十三天？因為它有三十三個單位，等於聯邦組織。有些天則有天主，統率一切天人，有些是民主的，大家平等存在。人死後如要往生天界，非修功德善行不可；嚴格來講，善行與禪定有關係。道家的觀念以為善能生陽，惡能生陰。單以禪定來說，四禪八定就是由人升到天道的必經之路，〈三界天人表〉上已列得很清楚了。修定修到初禪，再配合十善業，可以升到某種天道，二禪以上亦然。

但是，這個宇宙是會毀滅的，地球上有三災八難，除了水、火、風三劫外，尚有刀兵、瘟疫、儉災等。

《瑜伽師地論‧卷二》：

「儉災者，所謂人壽三十歲時，方始建立。當爾之時，精妙飲食，不可復得。唯煎煮朽骨，共為讌會，若遇得一粒稻麥粟稗等子，重若末尼，藏置箱篋而守護之。彼諸有情，多無氣勢，蹎僵在地，不復能起。由此飢儉，有情之類亡沒殆盡。此之儉災，經七年七月七日七夜，方乃得過，彼諸有情，復共聚集，起下厭離，由此因緣，壽不退減，儉災遂息。

又若人壽二十歲時，本起厭患，今乃退捨，爾時多有疫氣障癘，災橫熱惱，相續而生。彼諸有情，遇此諸病，多悉殞沒，如是病災，經七月七日七夜，方乃得過。彼諸有情，復共聚集，起中厭離，由此因緣，壽量無減，病災乃息。

又人壽十歲時，本起厭患，今還退捨。爾時有情輾轉相見，各起猛利殺害之心，由此因緣，隨執草木及以瓦石，皆成最極銳利刀劍，更相殘害，死喪略盡，如是刀災，極經七日，方乃得過。」

這個世間到了刀兵劫末期時，地球上的人類，隨時在戰爭中，整個大地，草木皆可殺人，中子彈一來，輻射線的力量，草木自然可以殺人。「爾時有情，輾轉聚集，起上厭離，不復退減，又能棄捨損減壽量惡不善法，受行增長壽量善法，由此因緣，壽量色力富樂自在，皆漸增長，乃至壽量經八萬歲。」此劫過後，人類又懺悔，又做好事。

火劫來時，地球，以及太陽、月亮都毀了，太陽的熱能整個爆炸，直到初禪天上層的大梵天。

火劫後，水災起來，《瑜伽師地論・卷二》云：「云何水災，謂過七火災已，於第二靜慮中，有俱生水界起，壞器世間，如水消鹽，此之水界，與器世間一時俱沒。」第二個劫來時，宇宙變成冰河，重新變成液體，直到二禪天的最高一層光音天。佛曾比喻由色界天頂到我們人間世，若丟一顆石頭下來，經六萬五千五百三十五年才到達，距離就有這麼遠。如果禪定工夫修到三禪天時，不會受火水劫的影響，但卻怕最後一大劫——風劫。這時整個宇宙的功能，自然氣化了，直到三禪天的最高一層——偏淨天。只有四禪天不受影響。四禪天是捨念清淨，以天人境界講，是色界中的人。

以人類本身來說，人的火災，就是欲，男女的愛欲，貪、瞋、癡都是火。你禪定工夫再好，欲的壓迫力量一來，就垮了。所以佛經上說：欲念重的人沒有禪定，不得解脫，最後自己被欲火燒身，整個毀了。佛在世的時候，也有些弟子結果走上這條路。譬如某些人，血壓高或者精神分裂，崩潰了，乃至身體整個發炎，就是禪定不能轉欲的後遺症，也就是人身火災的現象。

工夫煉得越好，修養越高的人，脾氣越大。譬如當年的師父老和尚，不發脾氣則已，一發就要命。徒弟犯了一點錯，曹溪那麼大的廟子，前院罵到後院，一路在罵，聲音又大。固然這也是他的教育法，可是平時愈講究修養的人，往往脾氣發起來就越大。這也就是「水太清則無魚」，不能容渣子，也是火災之一吧！

水災呢？就是貪愛。愛和欲程度不同，愛水滋生，很嚴重，非常的嚴重，二禪都抵不住。換句話說，你禪定工夫再好，那點情絲不能斷，災劫一來，照樣垮掉。災劫怎麼來？並不是有個固定的時間，而是外緣一碰，依他起，就爆炸了。很多修持工夫很好的人，一個因緣一來就完了。這也是一個重要的話頭，好好參去。

風災是什麼？氣。所以道家密宗主張修氣，你氣脈不能歸元，呼吸還有一點往來的話，三禪是靠不住的。有位同學曾問：呼吸停止，身上氣脈走動的感覺還在，這是什麼道理？而且動到幾時才停呢？對，他講得對，一般人只曉得講氣脈，不知氣是氣，脈是脈，到氣住脈停，身上的氣都充滿了，才叫氣住。所以身上感覺在流動，這是脈，要修到脈住，才能做到徹底的不漏丹。但還只能說是煉精化氣，至於是否是四禪的捨念清淨，還是個問題。

如果心理方面到達捨念清淨，是否已進入般若實相的空性呢？這又是一個問題。不能認為捨念清淨就是空，這裡面層次的差別很大。意識清淨並不是空，好比螞蟻由蟻洞所見的空，並不是整個天空的空。就像我們站在台北所看的天空，與觀音山頂所看的天空是不同的，當然到了太空看太空，那就更加不同了。

我們學佛，理念上知道四大皆空，但你修證上做到了空沒有？做不到，對不對？肚子餓了要吃飯，口渴了要喝水，你說口乾了，不要喝水，因為四大皆空嘛！這時候你空空看！空不了的。所以講四大皆空是原理，真要修持到四大皆空，非把四大一步一步修持轉化了不可。有些人心念一清淨，生理的壓迫就來了，再不然就漏丹了，工夫越做得好越如此，因為靜屬「陰」，靜久了，陰極陽生。當陽能生起，生理機能回轉，雖是回轉，如不能把地水火風都化掉，它就只有順著自然的力量走。你能夠把它轉化，你的修持工夫差不多了。如果真要做這方面的修持，佛已在經典裡都說了，只是我們看不出來罷了。

在唯識學中，心法與色法對立，物質跟心理對立。實際上，心與物都是阿賴耶識的功能；阿賴耶識不是本性，「受熏持種根身器」，四大色法都是阿賴耶識裡同根的，在心所來講，是把它分開的。比如我們意識上想飛上天去，第六意識可以，可是身體就不可以，所以說在心所是對立的。如果真修持到了，確實是可以轉化的。

其次，色法又分三種：極微色、極迥色、法處所攝色。如果我們站在佛法唯識的立場來看，物質文明還在極微色階段；光波可以說是極迥色；法處所攝色則是物質，但它是由精神所變的，這三個是三位一體，屬阿賴耶識，就是心的功能所發出來的。

什麼叫法處所攝色？就是法處所包含的色法，法的對立是意，精神的境界就是法，也就是說，精神的境界是法的範圍。譬如我們做夢時，有一個身體，這個身體也是四大，做夢夢到被人打時，照樣會痛，那就是法處所生的色。另有中陰身的色法，也就是法處所攝色，真講起來，這法處所攝色，是阿賴耶識的帶質境，帶質境又分真帶質與假帶質的差別，修行不可以不知道。所以我們修行打坐，四大色身一點都沒有轉變，叫什麼定力！那是不兌現的定力，那是意境上的幻相。所以做一步工夫，有一步的徵驗，也有一步的徵候。因此，佛告訴他的公子做調息工夫，如果「心風得自在者，即得神通自在」，真的能得定，真是無比的快樂。

有些人打坐得一點清淨的境界，就算是空吧！但身體的感覺還是沒有去掉，而且有一點點在黑洞洞的桶裡，離不開這個黑漆桶，忘記了《楞嚴經》一開始就告訴我們：「不知色身，外洎山河虛空大地，咸是妙明真心中物。」為何守這個空洞的，不相干的四大的身體呢？這裡又有個問題，你越能夠空得了，那股力量越會回轉來，守在自己身體上。什麼理由？為什麼坐得越好時，身體感受越強？反而一些不修道的人，倒不會有什麼身體的感覺。就是因為離心力越大，則向心力越大，物極必反的道理。

修道就是科學，隨時都有問題，能解答了一層，修持工夫就進步一層，解答不了，就不能進步。所以佛經不要麻胡的看過去，佛法都告訴我們了，只是我們沒搞通而已。

〈三界天人表〉發給大家，等於點了大家，可是沒有人注意；〈三界天人表〉重要得很，而且欲界、色界、無色界，每一層境界的修持，與我們現在的修持，都有絕對的關係。再拿我們人體來講，人身就是一個小宇宙，身體也可分成三部：欲界、色界、無色界。人身的下段是欲界，欲界的樂由精生，精不下降則樂不生，氣脈不會通。但是精一下降，非漏不可，如何下降而不漏，這就是看工夫了，你們可不要聽了就自作聰明的亂搞，什麼忍精、採陰補陽的，瞎搞一通，果報是很嚴重的。

人體的中部是色界，氣修到充滿了，氣滿不思食，光明一定來，眼睛閉著都是光明；但是魔境也跟著來了，就是光明中的幻相，這時如果認為自己發了眼通，那就完了，如果守住光明，還是落在色界。

眉間以上的是無色界範圍，整個色身空了，絕對的無妄念。沒有一點妄念是無色界，守住無色界，像無念一樣，落在無色界，還是不對。

守無念墮無色界，守光明境墮色界，守快樂則墮欲界。所以密宗提出樂、明、無念；均衡，平等，平等。

真正要學佛證道是專修的事，是絕對的出世法，行願可以入世與出世，這是屬於心行上的事。如果要專求修證，非有一段絕對放下外緣，而去專修的時間不可。一個普通人，只談變化氣質一事，在生理方面，也非要十幾年專修不可，而且在十幾年中，還不能碰到一點障礙。唐宋以後道家云：百日築基，十月懷胎，三年哺乳，九年面壁。對付色身氣質的變化，起碼三年的專修是絕對需要的，而且中間還不要碰到逆境。但是據我的經驗，幾十年來，幾乎連打好百日基礎的人都沒有，可見修行之難。

大家共同的問題是，明知四大皆空，但空不了，碰到了緣，處處都在愚癡中。如同我的袁老師講的：「五蘊明明幻，諸緣處處癡。」人人都犯這個毛病，口口談空，步步行有。打坐時，氣脈一來，馬上被感覺牽走了，清淨固然清淨，實際上都在玩弄這個感覺。王陽明到底高明，他說：這些都在玩弄精神。佛經上說這是「戲弄精魂」，沒有真正空得掉，感覺一來，平常的佛學都忘記了。

大乘佛學告訴我們三大原則：無住，無著，無願。我們一坐起來，統統住在自己的境界，執著於空，想成道，想證果，以有所得之心，求無所得的果，當然都不成功。

《楞嚴經》告訴我們：「性風真空，性空真風。」身上的氣脈是風，你一執著它就完了。後世的知識越來越多，什麼奇經八脈，什麼陰神、陽神，這些追求玄妙的想法，都是有毒的，這些毒藥吃下去，又住，又著，搞了半天，一點用都沒有。真正氣脈是無住無著，完全空以後才能到。

說到這裡，給大家看一封信，是一位中國老太太由美國寄來的：

老師：

奉事敬悉。所有知覺感覺都屬心理狀態，《楞伽大義今釋》說得很清楚了。不過我覺得，無論任何情況下，只能沒有感覺，如何能做到無知覺呢？我現在已找到了「他」，他高高在上，無形無相，只能在意境上有那麼一點，甚至於一點都不是，但我信得過。

我在讀《楞伽大義今釋》，幾個問題尚祈老師開示：意生身是否道家所謂的身內身？身外身是否性命雙修？功成之後，破頂而出，身內身是所謂真人，不必破頂而出，可以隱顯隨心，所謂散則成氣，聚則成形，意生身是不是這樣？

在坐中三際托空時，並沒有空的境界，只覺得心寬得和天地一樣，甚至能包括天地，這種情緒並不能維持下去，念頭來時馬上破壞了。念起雖然不住，可是不能再恢復平靜如初。以此餘年作為廢物利用，只問耕耘，不問收穫，成敗聽之而已，說實在的，我並不想成仙作佛，只是很怕再入輪迴，我正在研究《八識規矩頌》。

專此敬請

道安

這位老太太不講氣脈，有時好像要出問題了，她都能自己曉得解答。她的得力處，就是死死抱住一部《楞嚴經》。我曾告訴她，因路途遙遠，無法適時指導她，有問題向《楞嚴經》上面找。我們做工夫往往被氣脈、境界困住了。《楞嚴經》上說：「性風真空，性空真風」，大家都沒有去體會。

總之，要逃過水火風三災，必須轉變色身，要進入禪定的境界，也非要把身上的四大整個轉化不可。

一幢房子蓋好後，到頭來是什麼東西毀了它？風吹雨打日曬。人體內部也是一樣，四大不調整好，就不能平安，更不能得定，由四大所發生的病態，可真多了，要特別注意。

現在我們來看《瑜伽師地論・卷一・本地分中意地第二之一》：

「本地」就是真如本體，唯識把整個心體分成八個部分表達，所以叫作八識。其實是講一個心體，所以叫「本地分中」的「意地」。「分」，就是這一部分。為何說「第二」？前面五識是第一個範圍，意識是屬第二個範圍。

「已說五識身相應地」，五識身就是眼耳鼻舌身五識，與心地相應。

「云何意地？此亦五相應知」，這中間有五個現象應該知道。

「謂自性故，彼所依故，彼所緣故，彼助伴故，彼作業故。」唯識學是科學的，我們要把它作為自己求證用功之用。

「云何意自性」。唯識經常用「自性」兩字。至於我們常看到的「無自性」，是說沒有獨自永恆存在的性質。一般人看到無自性，就以為唯識是反對有一個永恆不變的本體。錯了，因為中國文字辭彙不夠，這個性是性質、性能的性，不是明心見性的性。所以，「云何意自性」的「自性」，是指意的本身的性質。而這句話的意思就是說，第六意識自己的性能如何。彌勒菩薩說：「謂心、意、識」三樣，嚴格講起來，這三者都屬於意識作用，就是意識自己的性能、性質。

什麼叫「心」呢？「心，謂一切種子所隨依止性」，比如一個母親生下十個子女，每人個性、思想、脾氣、健康各不相同。遺傳增上緣是因素之一，另外是自己前生的種子帶來的。如有人天生特別聰明，是前生這一部分的種性重，一切種子都跟隨著在輪迴中，始終不斷，互相關聯，這個功能在唯識中叫心的作用。

「所隨依附依止性，體能執受，異熟所攝，阿賴耶識。」這還是講心的作用，第一句，這個功能所依止的，跟著發揮了作用。所以有些人天生愛讀書，有些人不愛，硬逼也沒用，因為他的種性不向這裡發展。有人說過：「書到今生讀已遲」有點道理。不過這一生還是應該讀書，留給來生用，帶點種性來。心的體用能夠執受，永遠抓住這個功能。「異熟」就是果報，異地而熟，異時而熟。為什麼我變成了我，他變成了他，各人種性不同，因果輪迴叫異熟。

我們推開彌勒菩薩的話不論，只說什麼叫心？這裡所謂的心，就是子思在《中庸》所講的：「天命之謂性，率性之謂道。」就是與生俱來的本性，每人不同，這個就是心，應該歸到第八阿賴耶識的種子作用。

什麼是「意」呢？「謂恆行意及六識身無間滅意」，這個屬於意。禪宗祖師說參話頭時，離心意識參，參出來的才是般若的道理。所謂意識狀態，就是一個人的思想，所構成習慣性的現象，意識形態可構成職業病，作官作慣的人動輒打官腔，他的意識已構成了心理行為。又比如學佛的人動不動就阿彌陀佛，這也是意識形態構成的習慣性。

這裡講「恆行」，心理行為經常有依止性，就是意識的作用。「六識身」就是前五識起意識分別，它「無間滅」，像流水一樣。

什麼叫「識」？「謂現前了別所緣境界」，任何事一到你面前，不須用心判別，你就很清楚知道了，這是識的作用，彌勒菩薩分析得非常精詳。當我們一打坐，腿剛盤起來的一刹那，心念很清淨，不久就不安詳了，在自己裡頭做起工夫來，這個做工夫就是心的作用，是阿賴耶識種性的功能，要認清楚。

什麼是意的作用呢？覺得妄念清淨了，曉得那一念清淨的那一點作用，就是意的作用，它是無間滅的，一個個波浪很密切的接上來，自己並不知道，所以做不到能斷金剛般若。此時我們的識在哪裡呢？腿一盤，一剎那間很清淨，心的作用來了，心自然而然會接受這個境界，會認可這個境界，去設法保持著。心和意都來了，然後還有個作用，識也就在這兒；這一下很清淨——這就是識。學禪不通教理，「心」、「意」、「識」分不清楚，認為靜坐得好就是工夫，實際上，教理通了以後就知道，靜坐得再好，也還是在意識狀態。這三點要認清楚，佛經裡頭寶貝實在太多了。

「次隨順功用為先，身語業風轉故」，我們講話，我們的身體作用，就是這股氣的作用。這股氣是根據道家的說法講的，以佛家來說叫「業風」。這是業力所生，是四大風力的關係，所以身業、語業就是這個風。儒家講：學問之道在變化氣質，氣質是實際的東西，不是空洞的理論。換句話說，學問修養高了，生理都會轉變的，一步有一步的效驗，一步有一步的徵候，這是無法自欺的。

第十九講

內容提要

第一障礙——身見
色身轉變
不是絕對的時間
三災與修持
四大種與色法
相續心
四禪八定和精氣神
善人的凡夫禪
輕安、定、非定

我們的課程現在已進行到第二個綱目：修證的法門，現在還在繼續。看了大家筆記後，發覺大家仍沒有把握到重點。要想以心地法門修證，進而求得菩提正覺的話，最大的障礙是身見。

佛教儘管講四大皆空，那是對於小乘不了義教而言；在了義教來講，是心物一元的。我們整個的色身四大，是由一念的業力所構成。首先，修證之所以達不到功效，是因為轉不了業力所構成的色身，因此做不到無妄念。縱然有一點點清淨，不過是第六意識偶然的，暫時的一種固執所造成的現象，不是究竟。大概到目前為止，重點還在這裡轉。

《圓覺經》的幾句話，對於修持非常重要，是走大乘最好的路線，也是最難的：

「居一切時，不起妄念；於諸妄心，亦不息滅；住妄想境，不加了知；於無了知，不辨真實。」

在任何時間常不起妄念，如果你能「狂性頓歇，歇即菩提」就成功了。但是怎麼叫作不起妄念？如果一個人沒有妄念，什麼念都不起，完全像木頭一樣，也並不是佛道。「於諸妄心，亦不息滅」，對於自然來的妄想，並不勉強用個方法加以息滅，如果對於自然來的思想，想個方法加以滅除，這個加以滅除的方法，也是妄念；如果不加息滅的話，自然就清淨了。

所以再進一步告訴你，「住妄想境，不加了知」，我們做工夫最易犯的錯誤，就是對妄想境加以了知，尤其是學佛有一點基礎的人，妄念一起就怕，然後拚命想辦法除妄念，統統在了知的階段。其實那個明明了了知道的，也是個大妄念，所以佛告訴我們：住妄想境不加了知，自然而來的，會自然而去。

最後一句話，佛告訴我們：「於無了知，不辨真實」，假定我們到了無了知，明明了了都沒有了，寂滅了，「於無了知，不辨真實」，到了這樣境界，就不必要自尋煩惱，不要再自問這個對不對？或怕大概是頑空吧！最好不要再起分別。

還有一個重點：「知幻即離，不作方便」，一切妄念都是幻想，當你知道是幻想，那個幻想已走了，不要另外用個方法，如觀想啦、煉氣啦等等，去除那個幻想，那些方法也是幻。為什麼？因為做工夫才有，不做就沒有，所以是靠不住的。「離幻即覺，亦無漸次」，知道是妄念，妄念早跑了，這中間再不必加一點，不增不減，那個寂滅清淨就同覺性。這裡頭沒有初地、二地、初禪、二禪之分，把這個認識清楚就好辦了。

真的認識清楚了這個，或者稍稍有點見地的人，悟後正好起修，才算是真正在修行。所以五祖對六祖說：「不見本性，修法無益。」

大家做工夫修持不能得定，第一個障礙就是身見；第二個障礙是見地不清楚。四大色身也就是一念，色身不能轉化，自然不能成就，這就是討論的問題。

現在來看《瑜伽師地論・卷二・本地分中意地二之二》：

「又羯羅藍漸增長時，名之與色，平等增長，俱漸廣大。如是增長，乃至依止圓滿。應知此中，由地界故，依止造色，漸漸增廣。由水界故，攝持不散。由火界故，成熟堅鞕。由無潤故，由風界故，分別肢節各安其所。」

「羯羅藍」就是胎兒入胎，在十二因緣就是「名」——胎兒，「色」呢？指地水火風所構成。「平等增長，俱漸廣大」，胎兒由地水火風的成分，平衡成長。

「如是增長，乃至依止圓滿。」依靠母體的胎兒，九個多月後，圓滿了，生下來。

「應知此中，由地界故，依止造色，漸漸增廣。由水界故，攝持不散，由火界故，成熟堅鞕。由無潤故，由風界故，分別肢節，各安其所。」這是講四大的構成。

《楞嚴經》最後有一句話：「生因識有，滅從色除」，生命最初的來源，是一念無明，一有生命以後，就分陰陽，就是心與身。現在要「滅」，要回轉來成道，要得寂滅之果，先要除掉四大色身的障礙，才能談得上。

要如何除色呢？先認識色的成長，從嬰兒在胎中的成長說起。物理世界整個都是地大，人的細胞、筋骨等是地大的作用；津液、口水、賀爾蒙等是水大。比如我們靠血液的循環而維持生命，這就是水大。平衡就沒病，不平衡就有病。「由火界故」，由於火力、熱力維繫著、長養著我們的生命功能，「成熟堅鞕」，講胎兒堅固起來，構成了形體。

生命中最重要的是風大，我們能否得定，第一要件是先得輕安，輕安的相反就是粗重。我們做工夫感覺氣脈在流動，就是在粗重中，真正氣脈通了，就達到全體輕安，也自然忘身了。雖然有四大身體存在，卻一點障礙感都沒有。關鍵就在風大，風大最重要。

「若有情數，時無決定」，時間沒有絕對的，比如顯教說凡夫要想成佛，須經三大阿僧祇劫的修行，決不承認有即身成佛之說。而密宗和禪宗，並不管劫數的問題。《楞伽經》說：「劫數無定」，十地的程序也無定；《瑜伽師地論》則說：「時無決定」。劫數不是固定的，比如我們在受苦受難時，一秒鐘覺得像一百年一樣；在快樂安詳中，一天像一秒般過去了。「所以者何？由彼造作種種業故」，時間是唯心的，三千大千世界，每一個地區，每一個星球，每一類眾生，根據業力，對時間長短的感受，都是不相同的。

我們學佛修道，都是以世法的心態來處理出世法。首先，打坐離不開時間觀念，規定時間打坐，被時間限制得死死的。如果工夫做得好一點，晚上卻睡不著，就想：唉！失眠了。脫離不了世間的時間、空間、生活觀念，這怎麼能修道呢？這些都是業力，業力把我們困死了。

「或過一劫，或復減少，乃至一歲」，這是講時間的相對性。

「又彼壞劫，由三種災，一者火災，能壞世間，從無間獄，乃至梵世。」火災來時，從無間地獄起，一直燒到二禪天的邊緣。所以，佛為什麼要我們斷欲念、去淫心？就是因為這個沒有轉化，火劫一來，就都毀了。

至於第二個水災，威力就更強了，直到第二個禪天。我們人在有形的精滿了以後，欲火發動，隨後水災的障礙來了，乃至得糖尿病，這些都屬於人體的水災。

第三個風災，能毀到三禪天頂，至四禪天邊緣。

佛所講的三災，同我們現在地水火風的修持，有密切的關係。這一節因時間關係，只能簡單講述。

「自此以後，有大風輪，量等三千大千世界，從下而起。」這是講世界的形成，這一段可以同現在的地質學配合研究，非常有趣。佛說由空劫（沒有這個世界以前）以來，有二十個空劫。空並不是沒有，空也是個東西，尤其講器世界的空。比如太空也是物理世界的一部分，所以佛說物理世界有七大：地、水、火、風、空、覺、識。空劫時，地水火風四大形相還沒有構成，那時四大的功能蘊涵在空大裡。實際上，空大本身也是在動，但因動得太大，我們反覺得是靜態。《易經》講「天行健」，宇宙永遠在動，若有一剎那時間不動，乾坤息矣！整個宇宙就毀掉了。

空大經二十劫之久，然後轉成氣流動起來，這是風大的形成——風輪。大風輪轉若干億年以後，慢慢自然發生液體了，像濃漿一樣，風輪與液體慢慢磨盪，就產生了熱能。泥漿再聚攏來，突起來的就是高山，陷下去的就是溪谷、江河、海洋等，產生了第三層的地水火風，就是這個世界。修密宗法門的，有些上座後，觀想空大，再觀想風輪，就是大氣層，大氣層上觀想火輪，火輪上觀想水輪，水輪上觀想地輪，然後再由地輪涌出一朵大蓮花，蓮花上坐一個菩薩，這個菩薩就是我，要一剎那間觀想成功，這就是密法，觀想成功後，可修止觀了。

「又彼有色，從意所生」，一切有色，地水火風是如何造成的？是意識所生。當然，物理世界為什麼是唯心所造的，自己要去研究、去發揮。四大是唯心所造的，第六意識的功能最大。玄奘法師《八識規矩頌》云：「三性三量通三境，三界輪時易可知。」第六意識貫通了三界：欲、色、無色界。三界的輪轉，其中心柱子就是第六意識，妄想的力量有這樣大，三界輪迴整個包括在第六意識的範圍。《瑜伽師地論》把三界、九地、二十五有，都包括進去，都屬於第六意識地。我們修持，如果這個理見不透，隨時想把意識空了，是很不容易的。它的功能大得很，三界都為它所造，所以說：「又彼有色，從意所生。」

懂了這個道理，配合修持見到了空性，轉過來修意生身，就成功了，原理就在這裡。所以那位在美國的老太太，自己摸到了身內身與身外身，證明了佛所說的，沒有明師在時，正法一樣的存在。

就佛學的分類，眾生吃飯分四種：「段食、觸食、意思食、識食。」段食是分段吃飯，像人間分早餐、中餐、晚餐。有些經典翻譯為摶食，如外國人用刀叉，印度人用手抓，動物用爪，就是摶食。天人看我們吃飯，就像我們看動物吃東西一樣的髒。觸食，比如我們除了吃東西以外，還吸收空氣與光能，這也是維持生命的重點，很重要。思食是精神的，識食是色界、無色界天人的境界。真得定時並不需要吃東西，但工夫沒到達不能亂搞，否則會出毛病。

〈本地分中意地第二之三〉：

「云何說諸大種能生所造色耶？」四大各有各的種性，風大有風大的種性，地大有地大的種性。四大種性如何造成了色法？這裡的色法就是我們的生理。

「云何造色依彼，彼所建立，彼所任持，彼所長養耶？」玄奘法師的文章翻譯得很好，達到信與達的標準，很合邏輯。四大種是造色，為什麼我們這個生命，乃至物理世界，生成了以後，還是靠物理的功能使它永遠存在，不但存在，又使它發揮，這個道理在哪裡呢？

「答：由一切內外大種，及所造色種子，皆悉依附內相續心。」

心物一元的重點在這裡，理論的原則也在這裡。是由於一切內外大種。

什麼是內的四大種？我們身體內部，不斷新陳代謝的地水火風，為內四大。打坐修道是發揮內四大種的功能，再把它轉換。還有外四大種的地水火風，譬如陽光、空氣等，這兩個是一體，可是當它形成現象時，界限分開，功能一樣，現象卻不同。

內外四大種的元素，以及它們所蘊涵的造色種子，都必須依附著「內相續心」，才能發揮一切的功能。心理學家做過試驗，假使一個普通人，不管年紀多大，如果絕對灰心了，灰心到了極點，硬想死，大概半個鐘頭左右，人就虛脫了。因為內相續心沒有了，接不上了。換句話說，生命力強的人，生命力絕對堅固，信得過，心力堅強的人，即使斷氣以後，還是可以回轉，一切要看內在這個相續心堅不堅固。

「乃至諸大種子未生諸大以來，造色種子終不能生造色。要由彼生，造色方從自種子生，是故說彼能生造色。」這個地方很嚴重，不要看《金剛經》裡頭空呀空的，無人相、無我相，那容易懂，這裡也是無人相、無我相，不過是分析給我們聽，乃至擴而充之，甚至到達諸大種子，也就是物理的元素，當它沒有構成四大的形態時，造色種子終不能造色。比方麵粉、水，摻合起來，才變成饅頭，只擺在那裡，不加水摻合，就造不出來。

玄奘法師翻譯這些時，一定頭痛極了，科學的東西沒有辦法文學化，可是不文學化實在看不下去。很多人一看唯識就頭痛，對不住，是你們的心不夠細，也就是你沒有得定，所以種子始終不能造色，「要由彼生」。什麼是彼？好比臨濟祖師的賓主句一樣。彼就是靠心力，內、外各種物理因素，再配合精神作用，才造出這個生命。

我們懂了這個原理，現在回轉來，把我們這個業力，現有這個生命打破了，回到那個原來的地方去，就成佛了。「生因識有，滅從色除」就是這樣，所以修持不是一件簡單的事。

我們的身體像一個小宇宙，這是唐宋以後道家的說法，有其道理。我們前面說過，身體可分成三部分，由心窩以下為欲界，心窩至眼為色界，由眉以上為無色界。與此配合，就是所謂的煉精化氣、煉氣化神、煉神還虛。

有人問：精與氣已講過，至於神的煉法及其情形如何？與四禪八定如何配合？

精氣神三樣是中國道家的分類，這三位是一體的。有一點要注意，唐宋以後的道家，偏重於修證經驗，同密宗一樣，所以氣脈、明點確有其事。但後世學道學密犯一個毛病，就是倒因為果。為什麼呢？因為奇經八脈、三脈七輪是禪定到了以後，自然的轉化，他們把轉化的經過記錄下來，才變成丹經、道書，變成密法。可是後世人拿著這個當令箭，拚命在那裡製造精氣神，搞奇經八脈，那就完了。所以祖師爺們沒有錯，錯在我們。如同禪宗講明心見性，大家就在那裡找心找性，都搞錯了，也都是同樣的道理。

所以，煉精氣神是經驗談，人的生命究竟怎麼來的？精氣神是什麼東西？拿現在名稱來比方，就是光、熱、力。精就是熱，神就是光，氣就是力，缺一不可。假如宇宙沒有太陽能就完了，神等於太陽光，神能生「氣」，太陽光照射到地球，地球有吸力，自然吸到地心，重新衝上來，化成雲氣，這些同煉神化氣是一樣的道理，氣再化精。

普通人是神化氣，氣化精，精就漏。漏也沒有錯，是順其自然，不過卻永陷輪迴了。

反其道而行之，就是使精不漏，回轉來，再配合氣，再配合神，就成功了，原理如此。

說到「拈花微笑」，可以公開一點奧祕。我們看看花，看看植物，花是怎麼開的？花開了又會結果，怎麼成長的？幾乎同人體一樣，植物吸收養分，也有它精氣神的層面。然後慢慢生長，生長以後開花，花一開，到了一個生命的巔峰狀態，另一個生命來了——結果。另一個生命又蘊涵了它的諸大種，這些種性又要配合其他的因緣，然後又開花、結果，永遠生生不已。

我們的生命，道家張三手比喻為「無根樹」。可是事實上，我們的生命是有根的，虛空就是我們的土，頭部是我們的根。凡夫腦部賀爾蒙分泌，下來影響性腺，性腺賀爾蒙分泌了，精力就旺得很，就要放射，一放射就完了。

所以不但道家，一般走修行路子的人，也都知道還精補腦，長生不老。密宗稱頭腦這一部脈輪為大樂輪，丹田部分叫變化輪，心窩部分叫法輪，喉嚨部分叫受用輪。腦部的脈輪不打開，得不到輕安，不會發樂，打坐永遠在愁眉苦臉中，根本空不了。當脈輪要打開時，會無比的痛苦。我曾親自經歷過，到了眼睛，眼睛開刀；到了牙齒，牙齒也拔了；到了耳朵，耳朵也出毛病。二祖當年見達摩祖師以前，頭痛欲裂，受不了，也想死，空中有個聲音告訴他：「你忍一下，正在換頭骨。」過後，頭不痛了，卻長出五個包包，像五嶽一樣。

頭部脈輪要打開時痛苦極了，走火入磨（魔）還是有的。到眼睛，眼睛瞎了；到耳朵，耳朵聾了；到哪裡，哪裡出毛病。如果再加上一點點妄念做工夫，非完蛋不可。只要心理不受影響，任運自然的用功下去，氣脈通過，一切都好了。

當一個人真打開了頭腦脈輪以後，才曉得何謂大樂輪，才可以談煉氣化神。這時意生身也出來了，身外有身，身內有身都做到了，一念動就出去，神通妙用也自然有了。但是與圓滿菩提有關嗎？沒有，這只是業報身的一種，但也有關係。這是業報身的一部分，這裡頭確有陰神、陽神之分。陰神是自己的境界裡頭有，外人看不見。陽神修成了，要變兩三個我給別人看，別人就看見了，也可以談話，也可以接觸，這就是化身成就。

達到這種成就時，是不是證得了菩提呢？還是沒有。不過，隨念一動，有百千萬億化身；不動時，清淨圓明，了無一物。當然，見地方面，很可能也大澈大悟了。但是煉精化氣這些講的是工夫，和見地是兩回事。

學佛修持，要修就要修成三身圓滿，講課的目的也是為了這個，並不是一般人口中的禪，學佛學道要講實證、證據，理論講得好是沒有用的。

煉氣化神這個氣，不是呼吸的氣，密宗的分類很對，先修氣，再修脈。開始時叫息，十念中念出入息的息，是後天呼吸之氣停止後，可是血液還在循環，脈還沒停止。到脈都止了，才是「精化氣」的階段，這個時候才可以修身外有身。

至於怎麼配合四禪八定這個問題，四禪是四個禪定程序，八定則並不一定是四禪以後的次序，初禪也可以到達「空無邊處定」。比如，靈雲禪師突然看到一朵桃花，以及洞山的「迢迢與我疏」，忘掉我了，都是空無邊處境界。大家都有這個經驗，有時瞎貓撞到死耗子，碰到過。這時想把這個境界定住，還是定不住，空的境界有，可是初禪的定力沒有，所以定不住。

「空無邊處定」是空的境界，可以達到無量無邊，如果沒有初禪的基礎，還是定不住。八定與四禪沒有程序關係，如八卦一樣，互相穿梭，說不定一個得了初禪的人，一下證到「非想非非想定」。所以雲門禪師說：「你想非非想天有幾個人退位？」這是真話。悟了的人，有時上座後是在凡夫定的境界，有時是在「非想非非想定」的境界，有時也可能在「空無邊處定」，反正是到處穿梭，是不一定的。

關於四禪同煉精化氣、煉氣化神、煉神還虛如何配合？重點是：初禪一定要做到不漏丹，才能煉精化氣，二禪一定要做到煉氣化神，三禪要做到煉神還虛，四禪捨念清淨，一切皆空。原則大概如此，中間的修持細節和過程，不知道要經過多少苦頭。比如氣到眼睛，眼睛看不見了，要能做到不理它，充其量讓它瞎，一念空，氣脈自然通過了。如果一害怕，哎呀！不得了，眼睛看不見了，配合了這個妄念，那就麻煩了。所以修行不是那麼簡單的。總之，搞這件事非專修不可，要把修道變成生活的全部。而大家學佛，是把它當成生活的花邊，點綴點綴而已，那還能成功嗎？世上沒有這麼便宜的事。

凡夫與外道，除了真正禪天的中心無法進去以外，嚴格講起來，三界之中凡夫都能去得，都能往生。升天不一定靠禪定，升到天界的外圍邊區，是靠善心與德行，所以善人必定升天，不過很可能升在天的外圍。外道也一樣，因為一切外道與正道，都有一個共同點，就是勸人向善，如果勸人為惡，那叫魔道，就不談了。

這裡講四禪，為何只拿禪定來標榜，不拿善事作標榜呢？因為凡是人真心為善的，多半就有凡夫禪，心境上一定比較清淨。照中國文化來講，善心生陽；邪念是陰的，所以煩惱就來了。天人境界只拿禪定來比方，包括了善，而有些經典講善道升天時，就不提禪定。

這裡頭附帶有一個問題要注意，修到四禪八定境界，拿大乘佛法來講，還是一個「大凡夫」，不過很偉大而已。同樣的道理，有些阿羅漢，雖修到四禪八定，但是並沒有證得阿耨多羅三藐三菩提。在修法上，關於這方面，密法講得很好：精不降，樂不生，氣脈不通，妄念也不會斷，身體也不會好；如果精一降，凡夫非漏不可。精降不漏而生樂，那真是舒服無比。但如貪圖樂的境界，就墮落在欲界。如果貪圖身上陰陽交合之樂，久了以後，墮落在鴛鴦、猴子、鹿等這一類欲念特別重的畜生道中去了，修了半天，還向畜生道那邊跑。

氣不轉，光明不起；氣定了以後，光明才生起，就是內在四大的自性光。神由無念而清明，但是偏重於無念、空的境界，落在無色界，等到無色界天的福報受完了，依舊再重入輪迴。當然，無色界天的時間很長，世上一百多萬年，在那裡不過是幾天而已。不過這也是比較的，在他們自身感受來說，也不覺得長。

偏在樂的境界上，就墮欲界；偏在光明境上，就墮色界；偏於空境，則墮無色界。要跳出三界外，不在五行中，三界都不能偏，非證得阿耨多羅三藐三菩提不可，否則跳不出來。四禪八定九次第定是佛法及一切內道、外道的修持基本，不走這條路不能證果。但是達到四禪八定而不得菩提，且般若不通透，不悟徹底，則依然是一個「大凡夫」。阿羅漢也不過是一個偉大的凡夫而已。大羅漢就不同了，可以跳出三界外。

欲界中的男女，廣義的欲是色、聲、香、味、觸，狹義的欲是笑、視、交、抱、觸。這五欲在四大中偏重於水火。拿中國文化配合來說，水、火就是心、腎兩經，心是火，腎是水。五行這一套都要懂，因此道家教人坎離交，是有道理的。研究人的生理就會知道，當欲念一來時，四大都在動，四大都受損害，佛經上以災難稱之，是指那個作用而言。實際上任何一念一動，四大都會動，都不歸位。人的身體為什麼不能得定？因為都不歸位，都不均衡的原故。

《瑜伽師地論・卷第三・本地分中意地第二之三》：

「復次，於諸色聚中，略有十四種事，謂地水火風色聲香味觸及眼等五根，除唯意所行色。」

色法就是地水火風，包括了生理。彌勒菩薩說，簡單的講，有十四種現象，換句話說，就是有十四種功用。像地水火風、色聲香味觸及眼等五根，都屬於色法的聚，凝結起來構成物質的形狀叫「色聚」。（大種、四大、色聚，每個名辭都有它的範圍，研究唯識是非常邏輯的，一點都不能錯。）但是「意所行色」除外。譬如「法處所攝色」，也就是「意所行色」。我們夢中的身體，夢到自己被火燙了，也會覺得燙；吃了冰淇淋，也覺得很冰。地水火風、色聲香味觸照樣有，那個是法觸意境上所呈現的色。懂了這個，才曉得人死了以後，靈魂一樣有世界，下地獄一樣也覺得痛苦，地獄是假的，可是照樣會痛苦。還有一個試驗，把你的眼睛蒙起來，拿個假火假裝燙你，你一定會叫：燙呀！皮膚都紅了，這就是「意所行色」，是屬於心所的一種。

《瑜伽師地論‧卷第十三‧本地分中非三摩呬多地第七》：

禪宗常說的一句話，本地風光。真如自性就是本地。這些都是從本性起用方面來講，懂了用，就曉得體。「三摩呬多」就是等引的意思，過去古老的翻譯稱三昧，也就是正受。但玄奘法師覺得不可翻譯，因此用譯音。就是到達我們所要達到的那個境界，簡單的講，就是得定。這裡告訴我們，什麼叫作不是定，這個很重要。

彌勒菩薩把不是定的境界歸納出來，有十二種：「或有自性不定故，名非定地，謂五識身。」這裡講「自性不定」，不是指明心見性的自性，是說它的性質不定，是在變動，所以不叫作得定。「五識身」，眼耳鼻舌身五根後面的功能，就是五識。五識所呈現的狀態，我們錯認為是得定，那個狀態不是定，不要搞錯了。比如有人念咒子，以為得定了，事實上，一句接一句的念，一直在變動不定中，並不是定，這是其一。

再有就是我們聽聲音，覺得得定了，那是耳識身不定性，那是偶然的清淨，不是定。如果認為自己得定了，「非魔即狂」。為什麼？因為五識的自性不定故。

又比如眼睛看光，有一種覺受境界，好像得定了，不是真的，因為它本身是生滅法，當然不得定，以生滅法來修它，這是一種非定，要認清楚。

「或有闕輕安故，名非定地，謂欲界繫諸心心法。彼心心法，雖復亦有心一境性，然無輕安含潤轉故，不名為定。」

定有一個條件：就是輕安。如果還覺得有腿在，有腦袋，還覺肩膀發痠，就是不輕安、不安樂，整個身體粗重，就不是得定。真得定了，坐著覺似騰空，就是那麼輕安，這只是比方。三脈七輪都通透了，身體才會發生輕安。我們搞了半天，還跟著感受在那邊開運動會，哦！氣到了這裡，想把氣弄過來，越弄越閉住了。若能真的放空，把感覺一忘，它就過去，就通了。拚命在那裡管它，就是一萬年也通不了。彌勒菩薩說，這是被欲界的習慣困住了。欲界的習慣很多：色聲香味觸法，貪瞋癡慢疑，財色名食睡都是。

「諸心心法」是整體的，八個識都在這裡頭。下面的心法是講心所，意識的部分。什麼是欲界的心法？你覺得氣脈通了，就可以成道，這就是利害觀念，這些也把我們困死了。「心」所有的心理狀態，包括第八識，都是「心法」的範圍，乃至於第六意識中，心所起的狀態。有時我們雖然可以達到很定的樣子，但卻不是真的定。

「心一境性」是基本的定境界，但是不一定達到輕安。比如喜歡聽音樂的人，一曲好的音樂都聽醉了就是定；又喜歡掏耳朵的人，掏的那個時候也是定；甚至喜歡捏腳的，搔到癢處時，也絕沒有妄念，那也是一種定，就是心一境性。假如你造五百羅漢塑像，有一個就是脫了鞋子，歪著嘴在捏香港腳，表示在那個境界入定了。

所以，欲界中，心一境性可以做得到，可是沒有輕安來滋潤它的話，身體僵硬在那裡。彌勒菩薩說，這不是真正的定境。

第二十講

內容提要

什麼不是定境
專一作意
世間定及非世間定
有心地無心地
生起和圓滿
六位無心地
有餘依及無餘依涅槃

今天接著上次講的，《瑜伽師地論‧卷第十三‧本地分中非三摩呬多地第七》。

先認識什麼不是定境，然後我們才曉得什麼是定境。上次講到「無輕安含潤轉故，不名為定。」什麼境界得輕安呢？宗喀巴大師說：頭頂上發清涼是輕安的前奏。自頭頂一直灌下來，到全身，都屬於輕安的前奏。不管修哪一宗派，這個是必然的現象。不過，由上而下的輕安容易退失，有時候會全垮了。如果是由腳心發起的一股力量，由下至上，也就是道家所謂通任督二脈，或者密宗所謂左右脈通了，就不易退失。

如何是輕安呢？身體的粗重障礙沒有了，沒有身體的感受，隨時隨地都沒有身體的障礙，輕靈到極點。好似嬰兒躺在那裡，自己不曉得有身體。輕安的境界，包括了道家、密宗所有的氣脈之學。

「或有不發趣故，名非定地。謂愛欲者，於諸欲中，深生染著，而常受用。」

還有，不得定的原因，是因為根本沒有發起真正的想修道證果的決心，沒有這趨向的人，不會到達定的境界。因為我們只把修道當作生活的一小部分來玩玩而已。真修行人是把修行當生活的全部，所有平常生活，不過是修行的一點點調劑。但是我們正好相反，人世間的功名富貴一概都要，最後也要成佛，貪心非常大，放下來專修都做不到。

為什麼沒有發起成道的決心就不會證道？有個理由：「謂愛欲者，於諸欲中深生染著，而常受用。」就是「愛欲」心沒有擺脫，沒有出離心。愛欲狹義指男女愛欲，廣義包括好名、好利、好恭維，一切都愛好。我們平常的生活習慣，一點都解脫不了，放不下來，轉不了。愛清淨、愛乾淨等等也都是，多得很。我們做工夫修行要自己反省檢查，才會發現「深生染著」不是普通的染著，那是很不容易查出來的。一個人如隨時隨地把自己的毛病檢查得出來，就是第一等人。什麼叫修行人？就是一輩子在找自己；管理自己，檢查自己的人。人是不肯檢查自己的，而且，談何容易啊！人容易原諒自己，不會嚴格要求自己。

於諸愛欲中，「深生」二字要注意，深深的生起染著，而且認為這是對的。大乘境界中，貪愛清淨，好乾淨也是欲，好道亦然，「好」字即是愛欲之一種。

「或有極散亂故，名非定地，謂初修定者，於妙五欲，心隨流散。」

還有一種，絕對落於散亂當中。「初修定者」是指初禪的工夫沒有到達者。分二種：一種是世間的妙五欲，色、聲、香、味、觸的染著，引起了貪瞋癡慢疑等等。也就是眼睛要看好的，耳朵要聽好的等等。另一種是內在的，就是你工夫到達了，在工夫的境界上自然有好玩的，好看的。只要心貪著了任何一種，就跟著流轉，那不是得定。等於有些人打坐，坐好一點時，看到光了，或看到什麼，就開始貪圖那個東西，玩那個東西，而不能得定。

「或有太略聚故，名非定地。謂初修定者，於內略心，惛睡所蔽。」

還有一種人喜歡簡單，尤其中國人的個性，喜歡簡化，所以唯識學在中國，始終不大流行得開，因為看了就頭大。唯識是科學的、邏輯的，分析得很精詳，所以我們不大喜歡。我們最喜歡的是禪宗，什麼文字語言都不要，看到桃花而悟道，中國人最喜歡簡略，不喜歡複雜。這一種人不肯分析、研究，易入昏沉的路子，喜歡睡眠。換句話說，我們打坐時，往往把細昏沉當成定境，這也是很糟糕的事。

「或有未證得故，名非定地。謂初修定者，雖無散亂，及以略聚，嬈惱其心，然猶未得諸作意故，諸心心所，不名為定。」

這個要注意了，還有一種人，沒有實際證到定境，什麼是定，他一點都沒有實驗到，所以他不能得定，見地，也沒有搞清楚。這怎麼說呢？開始修定的人，雖然坐起來不散亂，也沒有昏沉，也不簡略，也不打麻胡眼，不大而略之，不昏頭昏腦的，但是作意方面沒有一點成就。

什麼是「作意」呢？先講普通的作意，那是「五徧行」之一，它普遍存在於八個識裡。除非阿賴耶識轉成清淨光明大圓鏡智，否則總是存在著作意。前面七個識就是第八識的作意。換句話說，八個識都是心在作意。所以真正的意，除了第六意識的範圍以外，這個「意」字，也包括了前面五識、第六識、第七識，乃至包括了第八識，都在「意」的範圍裡，這是普通的作意。

第二個作意，就是悟道以後的「意生身」作意。所以達摩祖師以《楞伽經》印心，並再三交代，真悟了以後，必得意生身方能證果。

什麼叫意生身呢？《瑜伽師地論》裡頭都講過。首先，凡夫的這個身體也是意生身，前面講過，我們心理一灰心，一崩潰，這一條命就自然乾癟了。現在活著的一個主要因素，是有精神生命在支持，這個精神生命就是意生身，是凡夫的意生身。懂了這個道理，再進而言之，悟了道的人，可以造成聖人的意生身，身外有身，甚至於成就了百千萬億的化身，這些都是意的作用。

修定的人第一步要作意，比如念「南無阿彌陀佛」這一句，就是我們的意去造作出來的，這個意不是單指第六意識。即使第六意識沒有雜念，禪宗所講的三際托空，當前那個空掉的境界，就是作意出來的。但是，那個空的境界是不是能夠永遠存在呢？不會，因為馬上就玩起那個空來了。再不然，後面幾個偏行馬上來了，觸、受、想、思。覺得身上氣動了，那正是「想」，所以五偏行俱在，哪裡談得上空呢！唯識的道理分析得非常清楚，光以為空了，過於儱侗，將來生死到來，或者想求證果時，一點也不得力。

現在的年輕人，玩得最厲害的就是密宗了，氣脈啊，這套玩了半天，都在玩弄精神，玩弄大妄想，真氣脈不是那麼一回事。佛早已預言，末法時代，兩個法門最流行——淨土與密宗。聰明的人一聽到佛這幾句話，就馬上會警覺到這個不是玩笑，確實是有它的道理，可是並不是現在一般人玩的這個道理。

比如我們打起坐來，只能坐半個鐘頭，硬是作意坐上三個鐘頭，行不行？做不到，因為作意不能堅固。

我們看了上面「非三摩呬多地」的時候，自己檢查一下，不落在散亂，即落在昏沉，再不然落在簡略，做不到作意的專一。比方不管是學道家、淨土或密宗，要觀想一個白衣觀音，在前面永遠不動，這個作意做得到做不到？不行就是心在散亂。可是，一個學催眠術的，或一個畫家，他們卻都能做到。作意就是注意，修止修定的初步，非要作意不可。因此有人主張禪淨雙修，把一念專注在阿彌陀佛這一念上，心心念念不亂，做不做得到？

禪宗過去用參話頭，把沒有道理的問題參透，也就是把五偏行的「想」與「思」綑起來。然後，話頭又打不開，要抱住這個話頭，不能忘記它，這就是自然修止嘛！觸與受也綑起來了，一邊懷疑，一邊在定境中，等於是定慧雙修的法門。所以古代教人用話頭參，就是作意，把所有的色受想行識都綑攏來，作意堅定了才能得止。不過現代人要放下來，現代生活太緊張了，放下，蠻舒服的，認為這個舒服是道，非也。這也不過是作意的一種方法，對付現在這個時代蠻好用，如此而已。但永遠保持那個空靈、輕鬆，是不是有作意在呢？沒有的話，就不算定。

「諸心心所」就是你所有的心——妄想、五十一種心所、貪瞋癡等心理行為。如果它們一點都沒有轉化了，怎麼會得定呢？換句話說，打起坐來，表面看來儼然修道的樣子，實際上心裡頭的貪瞋癡等心所牢固得很，根本煩惱、隨煩惱都來了。修定的第一步，要作意才能得止。道家的守竅，密宗的觀想，淨土的念佛，禪宗的參禪等，都是作意的道理。第六意識沒有堅固形成某一個境界以前，是不能得止的。

這一節很重要，《現觀莊嚴論》講，修四加行作意，心境沒有專一，不能得定。如果你是修空定，一切妄念不管，能看住這個妄念，把這個作意畢竟專一，也算是得定。可是它會變去的，這是專講定的修持，見地又是另外一回事。

「或有未圓滿故，名非定地。謂雖有作意，然未證得加行究竟及彼果故，不名為定。」

再進一步，更加嚴重。雖然作意了，比如念佛，差不多到達一心不亂，但還沒有證得四加行。換句話說，色身氣脈統統沒有改變，一切都沒有轉化，四加行的功效一點都不能達到，病也照常病。當然這同你的心地法門沒有關係，但是此身四大也是心的一部分，既然能轉心，為何不能轉四大呢？《楞嚴經》上說：「不知色身，外洎山河虛空大地，咸是妙明真心中物。」連身都沒轉，你說得了定，那不是自欺之談嗎？加行的究竟：煖、頂、忍、世第一法，沒有證得，氣脈四大沒轉變到究竟位，所以不名為定。

很多悟了的大禪師，在最後臨走時，都死在很痛苦的病症上，元朝大禪師高峰妙，最後還是胃病難過而死。當然，病痛，生來死去，坐脫立亡，對他來說都沒有關係，很多大師都是如此。以教理來講，就是他們「未證得加行究竟及彼果故」，所以不算究竟得定，不是證得圓滿之法，只是悟得法身而已，這些人，只好等中陰時再去成就。但中陰身的悟成就，理論上是有，事實上如何，我們無法看到。

「或有雜染污故，名非定地。謂雖證得加行究竟果作意，然為種種愛味等惑染污其心。」

這些都是批駁不是定境的道理。這裡再進一步告訴我們，雖然證得加行究竟，氣脈轉變了，工夫可放光、動地，加行究竟果作意也到了，陰神乃至陽神也成就了，這樣的人被普通人視為活佛。這時還有一部分的愛欲，染污本心的清淨光明，比如愛染清淨，愛染有道者，到這種程度還是非究竟的，雜染善法也非究竟。

「或有不自在故，名非定地。謂雖已得加行究竟果作意，其心亦無煩惱染污，然於入住出諸定相中未得自在，未隨所欲，梗澀艱難。」

雖然已經得了加行究竟果作意，乃至身心可以出離，可以分化，心裡也沒有什麼煩惱，但工夫境界與煩惱完全是兩回事，心理的煩惱染污太不容易解脫了，不要以為打打坐，有點工夫，懂一點佛法道理就是學佛了，那是自我陶醉，不行的。

但是於入定、住定、出定諸究竟的定相中，不能自己作主，有時是瞎貓撞到死老鼠，那種入定並不算究竟。究竟定相是自己完全能夠作主，操縱自如，要入定就入定，要出定就出定。如果「未得自在」，不能隨心所欲，有時候工夫對了，有時候又不對了，「梗澀艱難」，也是不算數的。活著健康的時候還不能作主，到生死來臨時，一點作主的辦法都沒有。這點隨時要留意，尤其是年紀大的修行人。

「或有不清淨故，名非定地，謂雖自在隨其所欲，無澀無難，然唯修得世間定故，未能永害煩惱隨眠，諸心心法，未名為定。」

還有一種，因為定境不清淨，所以不叫作定。雖然可以做到自由自在，隨心所欲，可是有些人修的是世間定，不是出世間定。這裡要特別注意，大家作工夫修氣脈、觀明點，這些都是世間定，即使修到祛病延年，也是世間定。世間定包括文學家、藝術家、練武功者等的定境。出世間定的差別在般若、在見地。世間定是工夫，不包括見地在內。

這一章講什麼是「非定」，其實雖然是非定境界，我們仍然做不到。如果能做到了一點，死後起碼能生到六欲天，比我們活在這世界，可舒服得多了。能到達這樣的工夫已經很不錯了，因為我們現在是講非正三昧而說的，關鍵要搞清楚。能做到這十二種非定境當中的任何一種，已經很了不起了，到今天還沒有看到一個人能做到。這裡所講的非定境界，並不是說它錯，而是說它不是佛法的正受，不是菩提的正定，區別就在這裡。

因為修的是世間定，所以永遠沒有辦法除去根本煩惱。有一點修養工夫的世間人，可以到達一個煩惱比較少的程度，而煩惱之根並沒有拔掉，只是不大起作用而已，隨眠煩惱照樣還有。隨眠的意思就是這些煩惱跟隨著你，跟著迷糊你，讓你走入莫名其妙的糊塗境中。五十一種心所裡，有二十種隨眠煩惱，修行是檢查這些心所，不是打坐做工夫。大家動輒談工夫，工夫有什麼稀奇！心裡的檢查作不好，隨眠煩惱都找不出來，過後方知，我說：「事於過後方知夢，浪在波心翻覺平。」事情過去了，才曉得那件事像夢一樣過去了，心裡頭明明像波浪在滾，根本煩惱仍在，自己還覺得清淨得很呢！覺得只有自己在道中，只看到別人的煩惱，以為自己是沒有煩惱的；只看到別人不對，覺得自己很對。我們要把五十一種心所好好的搞清楚，修行是在這裡著手，然後再把五蘊解脫（五蘊就是一念），一步一步搞清楚，那才談得到修定。

隨眠煩惱沒有除掉的定，就叫世間定。「諸心心法」，還有一切心所所生的這些煩惱，如果統統沒有斷，就不叫作定。

「或有起故，名非定地。謂所得定雖不退失，然出定故，不名為定。」

什麼叫作「起」呢？所得的定固然感覺沒有退，事實上已出了定位；換句話說，雖然覺得自己待人接物，都還能夠應付自如，心境空空的，但那不是得定，那只是第六意識一點點作意的清淨而已。諸心心所的隨眠煩惱、根本煩惱，一概都「起」來了，都在輪迴。

「或有退故，名非定地。謂退失所得三摩地故，不名為定。」最後的一個，連最根本的三摩地都退失了。所以修大乘菩薩道，到了第八不動地菩薩時，才不會退轉。換句話說，四禪八定，你都修成功了，還是有退轉的時候，可以退到六道輪迴。如何才到第八不動地呢？般若、見地、行願。福德圓滿則智慧圓滿，最重要的還是福德圓滿。福德這件事情，真不敢講，因為講了以後，可能門前草深八丈，沒人來了。

以上是強調非佛法的三摩地。

下面講有心無心地的問題。

學禪的人經常說無心，隨時做到無心。同安察禪師有一句偈頌：「莫謂無心便是道，無心猶隔一重關。」無心還差得遠，況且我們還做不到無心。但什麼叫作真正的無心？比如我們走路，把別人碰了一下，會說：「對不起，我無心的。」那個無心，可不是道的無心，而是無記，大昏頭。健忘的人也是無記，有些人做工夫，一天到晚心裡頭空空洞洞的，很舒服，很清淨。小心！不要認為這個是無念、無心，往往這是大昏沉，昏沉久了以後，所得的果報是下墮──落入畜類。宗喀巴大師在《菩提道次第廣論》中，講得很清楚，他大大的批駁那些認為無念就是道者，更叫人千萬不要落入無念定，以免來生墮入畜生道。所以這一點關於有心、無心，一定要認識清楚。《瑜伽師地論》是一部大論，學唯識的人，如對這一部論著沒有搞通是不行的。

現在講《瑜伽師地論・卷第十三・本地分中有心無心二地第八第九》：

「云何有心地，云何無心地。謂此二地俱由五門，應知其相。」有心地及無心地有五種分類法，要知道其界限、定義，才能開始學佛。

「一、地施設建立門，二、心亂不亂建立門，三、生不生建立門，四、分位建立門，五、第一義建立門。」

現在介紹第一種區分「有心」「無心」的分類法則：

「地施設建立者，謂五識身相應地、意地、有尋有伺地、無尋唯伺地，此四一向是有心地。」

什麼叫有心地？包括了「五識身相應地」。例如普通人眼睛看東西，耳朵聽聲音，這五根的後面有五識。根與識很難分別，玄奘法師在《八識規矩頌》中，說了一句很重要的話：「愚者難分識與根」。沒有大智慧的人，分別不出來，什麼是眼睛的生理官能，什麼是眼識等等。

又比如上次講過，人剛斷了氣，眼睛還沒壞，馬上挖出來時，眼睛的餘命未斷，眼識是不是失去了作用？眼識已退回到阿賴耶識去了。第六意識也退回去了，可是這個眼睛移植給別人還是有用。五識身已不是五識身了，這是第八阿賴耶識的眼根，眼根的餘命未斷，不是識的問題。眼識已經走了，醫生把這隻眼睛接上去，神經接起來，給另外一個人，神經沒有障礙了，接受這一隻眼睛的人，他自己的眼識起作用，配上別人給他的眼根，眼睛可以看了。

再比如我們的眼睛（眼球是官能，佛學稱眼根），眼睛看前面，我們的眼識配合第六意識注意前面，我們所看到的是黑板，是茶杯，這是第六意識。如果這時眼睛注意看著前面，但旁邊的人、物，同時映入眼簾，那是眼識的作用，不是意識，因為意識正全心配合眼睛，注意著，旁邊隨時來的一切也是知道的，那就是眼識。但一曉得旁邊有人過來，當一曉得時，馬上起了分辨的作用，眼識已經交給了第六識了。在最初剎那之間起明了作用的，就是眼識。

至於身識，就很難體會了。大家學道做工夫，如果能把身識認得清，就可以進步了。修證，乃至修報身、修化身，要先認得身識，才能談得上起步。

怎麼樣是身識？十來歲的時候，春天睡覺，早上醒來無事，懶洋洋的，那正是曾子說快要死的那個味道：「啟予足，啟予手。」手腳在哪裡不知道，睡得甜得很，醒是醒了，身子可以動，也動得了，可是不想動，那個時候才可以體會到什麼是身識。但並不是這個身體，等於這個身體還是外殼，這個身體內在還有一層朦朧的內胎，那才是身識的作用，抓到那個來修，就快了。如果再一動念，第六意識一配上，身識就交給第六意識了。第六意識這個分別一來就壞了，一切煩惱就來了：要起床了，應該去上班了……這些都是第六意識的事。

所以說，什麼是有心地？第一種就是「五識身相應地」，是前面五識配合意識妄心而起的境界。第二種是「意地」，單單第六意識妄心所起的作用。

第三是「有尋有伺地」，就是羅睺羅尊者修出入息，到達初禪有覺有觀的境界。有覺有觀是舊的翻譯，玄奘法師不同意這樣翻譯，他用「尋」、「伺」二字。打坐找道，找定境就是有尋，再高明一點就不找了，只守住在那裡，就是伺。一般人常把伺境當成定境，呆呆定定的在那裡，也知道，有等待、裁定的味道，這都屬於有心地的範圍。

再進一步第四，「無尋唯伺地」。等於初、二禪中間的境界，上座心裡頭沒有雜念，不去尋找工夫，也不去找一個境界，只有「伺」，就是一味呆住，清淨在那裡。若把那個境界當成定就錯了，那正是意識狀態、妄心狀態。這四個方向都叫作「有心地」，有心地就是普通人，我們的心理狀況就屬於這個範圍。

「無尋無伺地中，除無想定，並無想生，及滅盡定，所餘一向是有心地。」《瑜伽師地論》講，從第二靜慮到無色界，全名無尋無伺地。這裡所論的，除了這三個定境以外，其餘的都是有心地。

至於「無尋無伺地」中，又有程度之別了。唯識分析得很清楚，一步一步，詳盡得很。「無尋」，坐起來清淨得很，念頭沒有亂跑，也沒有亂找時，只有一個很平穩的境界擺在那裡，就是無尋唯伺。這裡頭有沒有東西呢？還是有。知道這麼一個境界，是在五徧行的想與思中。至於無尋無伺的境界，則超越了想的心理狀態，可到達「無想生」。

嚴格來講，無想生的最初步，也只能摸到《金剛經》的「應無所住而生其心」的邊緣。所以儱侗來說，般若很容易講，本來無所住而生其心嘛！這仍非究竟，太儱侗了。

「若無想定，若無想生，及滅盡定，是無心地。」

這三個定境到達了，才可以說定境達到了無心地。這一段都是講修證做工夫，不講見地。不過這卻是修證工夫的見地，如果這點認識不清，工夫就做得迷迷糊糊的，像土包子進城，那是不行的，所以一定要搞清楚才行。

下面要介紹第二種「有心、無心」的分類標準。

「心亂不亂建立者，謂四顛倒，顛倒其心，名為亂心，若四顛倒不顛倒心，名不亂心。此中亂心，亦名無心，性失壞故。」

普通人的散亂心也叫作無心，因為把心掉了，自性散壞了。所以我們應該注意，做工夫修持時，覺得自己隨時隨地都在空空洞洞裡頭，好像清淨得很，就以為到達了無心地。實際上這正是掉了心，是這個無心正在顛倒中，自己不知道罷了，很可怕。以我幾十年經驗看來，作修養工夫的人，最後走上這條路的太多太多了，都是這樣糊里糊塗去了。正如雪竇禪師的詩句：「可憐多少垂鉤者，隨例茫茫失釣竿。」幾位老同學要特別注意，釣魚竿子已經被我收回來了，你們已經無心了，因為你們迷失了修持的本心。

「如世間見心狂亂者，便言此人是無心人，由狂亂心失本性故。」

等於看到一個瘋子，我們也叫他是無心人，因為他錯亂了，迷失了本性。有人修到後來，很容易走上這條路，一定要注意。所以有位禪師說：「萬古碧潭空界月，再三撈摝始應知」。不是那麼簡單的，福德不夠，所以慧不能到。

「於此門中，諸倒亂心，名無心地。若不亂心，名有心地。」

無心地的反面，就是有心地。在佛法而言，一般凡夫成道以前，煩惱錯亂心都算是無心地，沒有證得本性的緣故。真正修證佛法，得了定、慧的，叫作有心地。這是第二門解釋。

「生不生建立者，八因緣故。其心或生，或復不生，謂根破壞故。」

第三門，就心「生」或「不生」來區別「有心」「無心」。比如我們學佛最難的一項，就是慈悲心很難生起，也就是說真正發起行願心很難。我們口口聲聲要想幫助人家，慈悲人家，度人家，嘴裡雖這麼講，實際上，很難辦到。所以我們修行，單說一個功德心，在行願上根本就很難建立，也可以說，根本沒有建立過。行門很難講，歷代祖師都只講見地，行門不敢多談，真正談了行門，徒弟都跑光了，因為要求太嚴了。但教不嚴，師之過，寧可要求嚴格，門前草長三尺，豈止三尺，十丈都無所謂，沒有人都可以，一個人在裡頭蠻舒服的。老實說，行門很難，太難了。

有些心不生是因根，是因為生理機能破壞了，比如腦神經壞了，這個心理生不起來。儘管佛法講四大皆空，四大還是很重要。佛說暇滿之身難得，生為人，閒暇的時間難得，四肢體健，五根具全也很難得的。尤其是這個工商業時代，空閒的時間談何容易，能有閒暇坐在那裡高談闊論，妄言修道，這是多大的福報。

「境不現前故」，有時候你拚命用功，那個境界就是不來。從前有一個修道的老先生，有一些功力，既不吃飯，也不睡覺，不過到夜裡十二點時，再跟他說話，他也不理，靠在椅子上，閉著眼，大約有半個鐘頭。然後眼睛睜開，再談話，可以談到第二天晚上十二點。到了十二點他又不說話了，閉眼休息了。問他為什麼？他說是工夫來找他了，這就是境現前。《孟子・盡心下篇》說：「有諸己之謂信。」消息來就要定去了，這就是境現前。有些人工夫做了半天，境界不現前，這就要嚴格檢查自己了：心理的障礙，或是生理的障礙呢？若問另外有個方法沒有？這是愛欲之心，貪求之念，這些結使在作怪。連這個都不能檢查出來，還怎麼能夠修證菩提呢！

「闕作意故」，作意沒有造成，至於是什麼根器，該如何作意，也是大有關係的。

「未得故，相違故，已斷故，已滅故，已生故，心不得生。」

以上種種緣故，所以心不能生起。密宗的修法生起次第，就是由這裡來的。密宗所有的理論，都是唯識法相的基本理論，所以修法要修到生起次第，沒有的要建立，等於從平地上建立生起十二層高樓。所以密宗是無中把它生有，生有了以後，把它打空，又回到清淨光明，把建立起來的空掉，那就叫圓滿次第。

「由此相違諸因緣故，心乃得生。」不受上面八種現象範圍所限制，道心才可能生起。

「此中若具生因緣故，心便得生，名有心地。若遇不生心因緣故，心則不生，名無心地。」

若具備了生的境緣而生心，是有心地。相反的因緣而心不生，則是無心地。

第四門：「分位建立者，謂除六位，當知所餘名有心地。」什麼是分位建立呢？又包括了六位，除了六位外，都是有心地。

「何等為六？謂無心睡眠位、無心悶絕位、無想定位、無想生位、滅盡定位及無餘依涅槃界位，如是六位，名無心地。」

這六個部分，有些是凡夫果，有些是大乘極果。這些分位建立，同樣的達到無心地，程度還有差別。《金剛經》云：「一切賢聖皆以無為法而有差別」，所得的道是不錯的，但程度、造詣、層次上卻是有差別的。六位中「無心睡眠位」是凡夫的無心，睡著了，什麼都忘記了，這也是一種無心。修道人犯了這個毛病，不能原諒自己，工夫不夠，因為大昏沉之故。

「無心悶絕位」，是好似昏過去了，或者跌倒、打傷了，或者受了腦震盪失去記憶了，這都屬於悶絕位，是病態的，不對的。以佛法來講，如果一個人受了腦震盪，過去的都忘了，熟人也認不得了，這時，他本性在哪裡？是不是治好了又回轉來？不能治好，但他的本性又怎麼恢復呢？這是科學的大問題，學佛要追究這些地方，佛法是絕對的科學，不是那麼簡單的。不要貿然的相信，貿然的搞，嚴格講，這裡頭都是問題。

「無想定位」，也屬於無心地，「無想定位」不是證道。釋迦牟尼佛學無想定三年，然後認為不是道，知非即捨，不幹了。無想定是外道位，但是無想定有無想天，雖是外道位，比我們的位置卻高得多了，雖然還是在色界中，卻超過了欲界天。一個人能到了無想，雖不行善，也絕對不做惡事，既然不做惡事，依善果也可以生天。何況無想還是一種定的境界。不要看不起它，我們還做不到呢！

有些人打坐怕落頑空，其實，若能真正到了頑空也要恭喜你了，恐怕只是在玩弄那個空而已，頑空做不到的。「無想生位」，生到無想天。「滅盡定位」不同，是羅漢果位，超過四禪八定。九次第定的滅盡定，身、心皆滅，等於向輪迴請了長假，但是，最後還是要來的，非迴心向大不可。滅盡定可以躲在偏空的境界裡頭，空的功能滅了身心的作用，「無餘依涅槃界位」是大菩薩位、獨覺菩薩位。這六位叫無心地。

第五門，也就是最後一種區分法：

「第一義建立者，謂唯無餘依涅槃界中，是無心地。」

禪宗所講明心見性，直透牢關，在破三關之後，就要破這個有餘依，證無餘依涅槃。什麼是有餘依？就是大阿羅漢，同獨覺佛達到涅槃的果位，但是煩惱的根還是沒有斷，就是《維摩經》上所形容的「餘習未斷」。維摩居士的房間裡，諸大菩薩，諸大阿羅漢都進了他的方丈（寺廟中稱方丈就是根據《維摩經》，維摩房間一丈見方，可是百萬天龍，天人進來都坐得下），結果天女散花的時候，羅漢們閉眉閉眼的，因為要做到不動心，可是天花沾在阿羅漢的身上，掉不下去；菩薩身就沾不上，都掉了。因為羅漢餘習未斷，所以天花著身。羅漢們對聲色是不要了，可是有時候對聲色還瞄一眼，這一瞄並不動心，可是天花卻著身了，就是餘習未斷的緣故。所以他們雖然也得了涅槃，可是那叫有餘依涅槃。因為只要把根一挑，就又挑起來了。

到達「無餘依涅槃」才是佛境界，真正的第一義心，即禪宗洛浦禪師說的：「末後一句，始到牢關，鎖斷要津，不通凡聖。」這是第一義。

「何以故，於此界中，阿賴耶識亦永滅故。」

到達了透末後牢關，得第一義，才把阿賴耶識轉成大圓鏡智，阿賴耶識才永滅，才是無餘依涅槃，達到自性清淨。

「所餘諸位，轉識滅故，名無心地。」前五識轉成「成所作智」，第六識轉成「妙觀察智」，第七識轉成「平等性智」，第八識轉成「大圓鏡智」。轉八識成為四智，修證到達三身，法身、報身、化身的成就，三身四智平等平等。四智圓淨，不著不住，六通妙用，不住無著，達到無餘依涅槃，這才真正到達無心地，佛的境界。

「阿賴耶識未永滅盡，於第一義非無心地。」

第八識又譯為藏識，阿賴耶識是梵音。如果單單譯成一個藏字，所表達的不夠完整，因為它包括有①能藏②所藏③執藏的作用。它能藏過去、現在、未來一切的種子；執藏抓得很牢，所以它起的作用是異熟——各種因緣，異時、異地而熟。這是指輪迴果報，這個異熟的帳，電腦都算不清，它實在太錯綜複雜了。

第廿一講

內容提要

佛法在世間

《禪宗直指——大事因緣》

雪巖欽公案

高峰妙公案

修定的善巧

「佛法在世間，不離世間覺，離世覓菩提，恰如求兔角。」六祖的這幾句話是指「行」，行為的部分。佛法就在世間，佛也這樣說過。在經典中，有人問佛，世尊為何在娑婆世界這個髒地方成佛？佛說：你看到娑婆世界髒，只是看到了一面，它還有另外一面，與西方極樂世界及一切淨土一樣的光明清淨。所以佛立刻就現了神通，以足指按地，當時就現出了這個世界的光明面。這裡是個話頭，這個世界有很清淨的光明面，同極樂世界一樣，以及其他佛世界一樣的清淨光明。

其次，佛說一切佛在成佛以前，必須要到這裡成佛，在其他世界不容易成佛。例如天人很難成佛，北俱盧洲的人很難成佛，因為福報太好了，純樂無苦。就因為沒有痛苦的刺激，那裡的人就不會有厭離心，所以一切眾生要想成佛的話，就必須要到這個世界來。這個娑婆世界是善惡參半，苦樂參半，一切參半，而且痛苦的多。因為痛苦，所以才容易修道，沒有眾生何必成佛呢？沒有眾生也不需要有佛了，因為個個都是佛嘛！何必另外來個佛呢！因為有眾生，有苦惱，才有菩提，才能成佛。

「佛法在世間」是見地，也是行願。因為世間是五濁惡世，所以需要布施，需要守戒；因為世間是很痛苦，很壞的，所以在這裡自度、度人，才能圓滿功德。這是以第二義來講的，在形而上道而言，並沒有什麼世間與不世間的分別。

《六祖壇經》中告訴我們，「佛法在世間，不離世間覺」，離開世間，無法求得覺悟；若沒有痛苦，則不知快樂的舒服；若沒有煩惱，亦不知清淨的安詳。所以煩惱即是菩提，也可以從這個層面來發揮。「離世覓菩提」，真跳出世界、三界外，本身就是佛了，已經在菩提中，不須再求菩提，沒有成兩個佛的道理。所以大乘佛法說佛法在世間，是指「行門」而言。

打坐修道不過是行門的萬分之一而已，其他作人做事，統統是佛法的行門，所以講佛法不離世間，就是這個道理。千萬不要以為佛法不離世間，你一方面修道，一方面就想，一切功名富貴，酒色財氣樣樣都要，如這樣想，那就錯了。

《維摩經》上講，蓮花在乾淨的泥巴上，以及高山頂上清淨的地方是不會長成的，要在最髒、最濁、最低下的地方，蓮花才會生長得越茂盛、越清香、越純淨，花也越大，而且纖塵不染。蓮花就是學佛的精神，所以以蓮花代表佛教，是在五濁惡世中，最髒、最難的地方成就，「佛法在世間」就是這個道理。不要認為佛法既然在世間，不一定要出世，沒有這回事，還是要出世。不過出世與出家是有分別的，世俗上出家只是離開了此家，而到了彼家。出世是離開了這一世，而到了另一世。沒有到達跳出三界外，仍然還在此世間之內。跳出三界外，不在五行中，才是真正的出世，這個基本的道理要搞清楚。

有一本書叫《禪宗直指——大事因緣》，作者石成金，是清朝的進士，他曾作官，晚年學禪。這本書的前面，是他個人學佛的心得與見地，是理學家的學禪路線，也很好，依此修行，人天之果，決不墮落。下面的「大事因緣」一節，關係太大，太好了。李文同學說，歐美的學者，認為中國的禪宗根本反對佛學，這個觀念錯得太厲害，而現在歐美搞禪學就是走上這個路線。其實正好相反，禪宗處處談佛法。禪宗是在元朝開始衰落的，這本書有些公案收錄的資料太好了，別的書沒有收錄得如此完全。在這幾則大事因緣中，搜羅了圓悟勤、大慧杲、高峰妙、雪巖欽等公案，都是頂好的公案。關於這本書，有幾點要認識：

一、中國大陸上真正的禪堂，正如書中那個樣子。

二、看那些人如何修行用功，就是真正禪堂的榜樣。

三、也看到了禪宗的衰落。

四、我們可以參考，作為個人用功的借鏡。

五、有許多人修不倒褡，不睡覺，以為這個是學禪，自己看看這本書就明白了。

現在我們先研究一下雪巖欽禪師公案。

雪巖欽的名字，在《續指月錄》上是仰山欽。雪巖、仰山都是廟子的名字。

這段文字很淺顯，有些人從淺顯的文字得到好處，有些人從高深的文字得到好處，因為程度不同之故。普通講時，不能單為某人講，已看懂的人不妨在這裡學學耐心，也是行門之一。由高明回到謙下是功德，不過，高明的人離不開淺顯，千萬不要有一個觀念，認為自己高明，要把這個觀念拿掉了，才好成道。

「師普說云，山僧五歲出家，在上人侍下（上人指師父），聽與賓客交談，便知有遮（這）事，便信得及。」書中的小字乃石成金批語。

「便學坐禪。一生愚鈍，喫盡萬千辛苦，十六歲為僧。」受戒以後才正式為僧。受戒是指受了比丘戒。

「十八歲行腳，銳志要出來究明此事，在雙林鐵橛遠和尚會下，打十方（嚴格的打七），從朝至暮，只在僧堂中（一天到晚，只有打坐、行香），不出戶庭，縱入眾寮至後架（即廁所），袖手當胸，徐來徐往，更不左右顧（隨時都守戒），目前所視，不過三尺，洞下尊宿（曹洞宗下面的老前輩），要教人看狗子無佛性話（元朝當時的曹洞宗），只於雜識雜念起時，向鼻尖上輕輕舉一個無字，才見念息，又卻一時放下著，只麼默默而坐，待他純熟，久久自契。」

曹洞宗到了元朝時候，參這個話頭為法門。當時早在七八十年前，大慧杲就罵這是默照邪禪，後世走這種錯誤路子的很多。

「洞下門戶工夫綿密困人，動是十年、二十年不得到手，所以難於嗣續。」

曹洞宗就是這樣做的，門下工夫綿綿密密，只要有妄念來，用話頭給他一裹，裹到沒有話頭時，一下放下，空的境界，一定就定很久。學曹洞宗的人往往十年、二十年，一點影子都沒有，工夫是有，但沒有開悟，所以後來曹洞宗的法門就斷了，真的懂曹洞修法的人很少。

「我當時忽於念頭起處，打一個返觀，於返觀處遮一念子，當下冰冷，直是澄澄湛湛，不動不搖。」

雪巖欽當時用功的方法是，念頭一起，馬上回轉來找念頭，一返觀，當下這一念就空了，沒有念頭了，心境中清清楚楚，乾乾淨淨，一點雜念也不動，也不搖。

「坐一日只如彈指頃，都不聞鐘鼓之聲，過了午齋放參，都不知得。」以前的人都是這樣用功，現在人難了。

「長老聞我坐得好，下僧堂來看，曾在法座上讚揚。」這時只十八歲。「十九去靈隱掛褡。」到杭州靈隱寺去掛褡。「見善妙峰，妙峰死，石田繼席。」石田繼承當方丈。「穎東叟在客司。」很有名的禪宗穎東叟和尚，當時他在作知客。「我在知客寮，見處州來書記。」處州來了一個和尚當書記，就是現在的祕書長。「說：道欽兄，你遮工夫是死水，不濟得事，動靜二相未免打作兩橛。」光是盤腿打坐叫作禪，動就不行，那動與靜就分成兩頭了。

古人經同參道友這麼一提，一身是汗。我當年參禪，也認為自己了不起。有一回道友問：人家都說你悟了，你是不是做到醒夢一如？我不作聲，自己心裡有數，不一樣的，於是自己再來，等醒與夢一如時，又碰到一個年輕和尚問我：無夢無想時，主人公何在，你知道嗎？又被問住了，又重新來過。所以人家一提，良馬見鞭影而馳，哪像大家被善知識打一棒都不知道。

雪巖欽這時被善知識打了一棒，他知道嚴重。

「我被他說得著，真個是才於坐處便有遮境界現前，才下地行與拈匙放筯處又都不見了。」他說，對呀！我打坐就很清淨，這個境界才有，只要兩腿一放下來，或者拿著湯匙喝湯，拿著筷子吃飯的時候，這個境界就沒了。不對呀！處州年輕和尚是比他高明，又接著對他說了：

「參禪須是起疑情，大疑大悟，小疑小悟，不疑不悟，須是疑公案始得。他雖不甚作工夫，他自不庵會下來（不庵和尚），不庵是松源之子（不庵和尚是禪宗中很有名的，又是臨濟宗松源老和尚的子孫），說話終是端正。」他說的一定是正路，不會錯。他就信了。照現在的人，一定想，我打坐比你好，你還不打坐，算老幾！「我當下便改話頭，提個乾屎橛，一味東疑西疑，橫看豎看，因改遮話頭，前面生涯都打亂了也。」這些都是元、明的口語、白話，「雖是封了被，脇不沾席，從朝至暮，行處坐處，只是昏沉散亂，膠膠擾擾，要一霎時淨潔也不能得。」

有些人以為不倒褡，光打坐不睡覺就是道了。元明開始，這些怪花樣多得很，一天到晚都在打坐、參話頭、做工夫，可是人搞得昏頭昏腦的，要不然就是散亂，煩惱得很。

「聞天目和尚久侍松源，是松源嫡子，必得松源說話，移單過淨慈掛褡。」天目和尚是有名的大禪師，正好住持淨慈寺，於是雪巖欽就跑到淨慈去掛褡。「懷香詣方丈請益。」禪宗規矩，拿三根香請侍者通報見老和尚。「大展九拜。」這裡頭有規矩的，話聽得對了，點撚三根香叩頭；聽得不合意，光拿著香，不叩頭，表示不同意。「他問我：如何做工夫。遂與從頭直說一遍。他道：你豈不見臨濟三度問黃檗佛法的大意，三遭痛棒，末後向大愚肋下築三拳。道：元來黃檗佛法無多子。汝但恁麼看。」他向天目老和尚報告了自己做工夫經過，老和尚說了臨濟求道、悟道經過。又云：「混源住此山時，我做蹔到，入室他舉話云，現成公案，未入門來，與你三十棒了也。但恁麼看。」他說混源老和尚到這裡作住持時，我剛剛到，有人進他房間問佛法時，他說：現成公案，你來問什麼？該打，還沒進門來，就該給你三十棒，你要在這些地方看。

「天目和尚遮個說話，自是向上提持。」第一等的方法，「我之病痛，自在昏沉散亂處，他發藥不投，我不歡喜。」天目講的是第一等法，可是我的毛病是打起坐來，不是昏沉，就是散亂。「心中未免道，你不曾做工夫，只是伶俐禪。」他心裡的想法，也同我們去看善知識一樣，如果人家的答覆不對我的胃口，就覺得人家沒有工夫，沒有道，如要都合我的胃口，那也不叫道。「尋常請益，末上有一炷香，禮三拜，謂之謝因緣，我遮一炷香不燒了也。」禪堂規矩，一般人來請教，手中拿三支香，如果對了，點三支香，跪下來三拜，謝和尚接引，這是出家人的規矩。雪巖欽光拿著香，又拿了香回來。「依舊自依我每常坐禪。」他照樣的打坐參禪，不睡覺，蓆子都不靠一下。「是時漳泉二州有七個兄弟與我結甲坐禪，兩年在淨慈，不展被，脇不沾蓆。」這七個人都不倒褡，當然，大家賭了咒的，你看我，我看你，大家都不敢躺下來。

「外有個脩上座，也是漳州人，不在此數，只是獨行獨坐，他每日在蒲團上，如一個鐵橛子相似，在地上行時，挺起脊梁，垂兩隻臂，開了兩眼，如個鐵橛子相似，朝朝如是，日日一般。我每日要去親近他，與他說話些子，才見我東邊來，他便西邊去；才見我西邊來，他便東邊去。如是兩年間要親近些子，更不可得。我二年間因不到頭，捱得昏了困了，日裡也似夜裡，夜裡也似日裡，行時也似坐時，坐時也似行時，只是一個昏沉散亂輥作一團，如一塊爛泥相似，要一須臾淨潔不可得。」可憐得很，這一般人，不得高血壓，還算好呢！整天昏天黑地的，想得一點清淨境界都做不到。表面上看起來，不曉得讓人多恭敬，他自己心裡有數，像一團爛泥一樣。「一日忽自思量，我辦道又不得入手（修道沒有修成），衣裳又破碎也（專在禪堂用功，沒人供養），皮肉又消爍也，不覺淚流，頓起鄉念，且請假歸鄉，自此一放，都放了也（這一下回家舒服了，把所有工夫都丟開了）。兩月後再來參假（後世叫銷假），又卻從頭整頓，又卻到得遮一放，十倍精神。」

這是個關鍵，回家媽媽給他好吃的東西了，這一次回來，打起坐來精神百倍，舒服了，所以要注意營養。「元來欲究明此事，不睡也不得，你須到中夜爛睡一覺，方有精神。」學道要營養好，休息得夠，才能用功，人家問我閉關作啥？睡覺。一進關房先睡七、八天，以後不要睡了，一坐就用功了。尤其是夜裡十一點以後一定要睡覺，爛睡一臥，那才會有精神。

「一日我自在廊廡中東行西行，忽然撞著脩兄，遠看他但覺閒閒地，怡怡然有自得之貌，我方近前去，他卻與我說話，就知其有所得。我卻問他去年要與你說話些個，你只管迴避我，如何？他道：尊兄，真正辦道人無剪爪之工，更與你說話在。（真修行，連剪指甲的時間都不肯浪費，哪有時間與你說話。所以你找我，我就躲開了）他遂問我做處如何？與他從頭說一遍了，末後道：我如今只是被個昏沉散亂打併不去（向他訴苦），他云：有甚麼難！自是你不猛烈，須是高著蒲團，竪起脊梁，教他節節相拄，盡三百六十骨節，八萬四千毛竅，併作一個無字，與麼提起，更討什麼昏沉散亂來。」他罵我一頓，是我不下決心，下了決心，把蒲團弄好，挺起背骨，渾身三百六十個骨節，拚了這一條命算了，充其量死掉嘛！要求道，以身殉道嘛！一身上下坐好了以後，萬緣放下，只提一個無字，這樣下去，管它什麼昏沉，什麼散亂，都不管，你一直這樣下去。

「我便依他說，尋一個厚蒲團，放在單位上，豎起脊梁，教他節節相拄，透頂透底，盡三百六十骨節，一提提起，正是一個與萬人敵相似，提得轉力，轉見又散，到此盡命一提，忽見身心俱忘（來了，身心都不知道了），但見目前如一片銀山鐵壁相似。（眼睛前面一片空，解開了，就是達摩祖師云：「心如牆壁」，空空洞洞，一片白）自此行也如是，坐也如是，清清三晝夜，兩眼不交睫（三天三夜不睡覺）。到第三日午後，自在三門下，如坐而行，忽然又撞見脩兄，他問我：在遮裡作什麼？對他道：辦道。他云：你喚什麼作道？遂不能對（這一問，答不出來了），轉加迷悶，即欲歸堂坐禪，到後門了，又不覺至後堂寮中（這個福建同鄉的這一棒，把他打得很慘），首座問我云：欽兄，你辦道如何？與他說道，我不合問人多了，剗地做不得（糟糕，我越聽得多，工夫越用不上路，懂得太多了）。他又云：你但大開了眼，看是什麼道理

（這裡說眼睛，當然不是指他的兩隻眼睛，他的眼睛已經可以三天三夜不交睫）？我被提遮一句，又便抽身只要歸堂中坐，方才翻上蒲團，面前豁然一開，如地陷一般，當時呈似人不得，說似人不得，非世間一切相可以喻之。」

這一下，東一棒，西一棒，兩個給他一打，發了狠，跑上禪堂，兩腿一盤，一上座，一剎那間空了，前面如大地平沉，虛空大地都沒有了，那個境界，不是世間任何現象可以比喻的。

參禪修道，沒有經過這些苦頭，工夫是靠不住的。

「我當時無著歡喜處，便下地來尋脩兄，他在經案上（在讀經，不是在打坐），才見我來，便合掌道：且喜，且喜（內行人一到了那個境界就知道，沒有到時，自然言不壓眾，貌不驚人，一到時，氣象都變了）。我便與他握手，到門前柳堤上行一轉，俯仰天地間，森羅萬象，眼見耳聞，向來所厭所棄之物，與無明煩惱昏沉散亂，元來盡是自妙明真性中流出。」

這時就知道《楞嚴經》上所說：「不知色身，外洎山河虛空大地，咸是妙明真心中物。」一切都是妙明真心中自然所流出。菩提、煩惱平等平等，一定要到這時，才談得上「煩惱即菩提」，平常煩惱就是煩惱，說煩惱是菩提是騙人的。

這是雪巖欽禪師自己向弟子所說，當年的修行經過。這一段老老實實地，太好了，所以提印出來，以法供養大眾，這就是行願，大家自應珍惜。

「自此目前露倮倮地，靜悄悄地，半月餘日動相不生。」半個月都在這個境界中不動。等於明朝憨山大師因參《肇論》中所言的〈物不遷論〉，旋嵐偃嶽之旨，然後開悟的。一天夜裡自己小便急了，起來屙尿，一屙小便，淒一聲，那當兒，他悟了，悟到什麼呢？《肇論》中肇法師講：「旋嵐偃嶽而常靜，江河競注而不流。」旋嵐即是颱風，同這個道理一樣，這就是已經到達動相不生的境界。注意要在這裡參，動相不生，難道是靜相嗎？這中間還有問題的。

「可惜許不遇大眼目大手段尊宿為我打併。（真可惜，當時沒有遇到大善知識，在這個境界上給我「啪」一下，打破了，就大悟了，只好說自己運氣不好）不合向遮裡一坐坐住。（不應該在這境界上，一定就定下去了）謂之見地不脫，（到了這裡是有點消息，善知識在這當兒一點就透了，誰叫他逃避善知識，善知識對他又奈何？自以為這時是道，把死老鼠當寶貝用，那有什麼辦法呢！自己把自己害了，一坐坐住了，見地不脫）礙正知見。（這裡要注意，以後沒有善知識在旁邊，這本書就是善知識，這個時候，只守著靜相，就是《法華經》上說的：「大通智勝佛，十劫坐道場，佛法不現前，不能成佛道。」就是這個道理。學密宗、學道教、學禪的，很多人到達這個境界，活活在這裡埋掉，況且我們還達不到這裡。道欽禪師這時候才後悔，可是他到底是一代大師，了不起）每於中夜睡著，無夢無想無聞無見之地，又卻打作兩橛，（這個境界是好，睡著了就沒有了，醒來一用功，又有了，這不是兩橛嗎？無夢無想主人公又何在？這個境界怎麼沒有了呢？）古人有寤寐一如之語，又卻透不得，（他說古人醒與睡都一樣，我卻做不到，睡是睡，醒來就有這境界）眼若不睡，諸夢自除，心若不異，萬法一如之說，（這是禪宗三祖《信心銘》上的四句話）又都錯會了也。（他說，我把這四句話的道理，拿來做工夫，硬撐著不睡覺，又把古人祖師的話解釋錯了）凡古人公案有義路可以咬嚼者，則理會得下，（對於古人公案，有道理解釋得通的，我統統懂）無義路如銀山鐵壁者，又卻都會不得。（《指月錄》《景德傳燈錄》等翻開來看，沒有道理的那些公案話，一點都不懂，怎麼叫作悟道呢！他這是大智慧，所以自己先警覺到了。他說：悟了道應該無所不通，怎麼這些又不懂呢？）雖在無準先師會下許多年，每遇他開示，舉主人公，便可以打個踍跳，莫教舉起衲僧巴鼻，佛祖爪牙，更無你下口處。有時在法座，東說西說，又並無一語打著我心下事。（他說，我當時在無準會下參禪很多年，每遇到他舉主人公公案時，好像懂得。老和尚說：你懂得這個便是越進一步——打個踍跳。你雖然懂了這個理，可是祖師（衲僧）們，佛祖的真正厲害處，你還是懂不了，悟不了。有時老和尚在法座上東說西說，沒有一句話可以打到我的心裡頭去）又將佛經與古語從頭檢尋，（沒有辦法，只好來找法本、佛經）亦無一句可以解我此病，（都解決不了自己的問題，無夢無想時主人公何在？現在有些人很會答，無夢無想那個時候就在無夢無想中，哪有那麼簡單！那時主人公找不到就不行，不算悟）如是礙在胸中者僅十年。」這一個問題參在心中，解決不了，人家還是專修的，專在那裡參這個事，又過了十年，一直哽在心中。

「後來因與忠石梁過浙東，天目兩山作住（兩人在天目山住下來）。一日佛殿前行間，自東思西忖，忽然擡眸見一株古柏，觸著向來所得境界，和底一時颺下，礙膺之物，撲然而散，如闇室中出在白日之下，走一轉相似。」這一下，他是悟了。這個問題參了十年，跟一個同參道友到天目山掛褡，一天，在佛殿前走著，忽然眼睛抬起一看，看到一株柏樹，一下悟了，從前在心中解決不了的，一時放下，胸口中悶悶的突然打開了，好像在黑暗的房間中悶了十年，忽然開了門，看到天空一樣，這個就是他的悟境。

「自此不疑生，不疑死，不疑佛，不疑祖，方始得見徑山老人立地處。（才看到杭州徑山的這位師父，真悟了道的，回轉來看徑山老人才知道）正好三十拄杖何也，若是大力量大根器底人，哪裡有許多曲折。（他說，他太笨了，參了三十年才悟道，假如是大根器的人，哪有這樣的苦頭吃！）德山見龍潭於吹滅紙燭處，（德山和尚見龍潭，龍潭和尚晚上拿一根蠟燭，口一吹，他就悟了，多快！）便道：窮諸玄辯，若一毫置於太虛；竭世樞機，似一滴投於巨壑。（德山悟道講的話）自此拈一條白棒，掀天掀地，哪裡有你近傍處！（德山悟了以後，拿一根棒子打人，哪裡有你近身處！）水潦和尚被馬祖一踏，便道：百千法門，無量妙義，盡向一毛頭上識得根源。高亭見德山招手，便乃橫趨，你輩後生晚進若欲咨參個事，步趨個事，須是有遮個標格，具遮個氣槩始得。」

這些都是古人的公案，高亭和尚來見德山問道，德山正站在門口，快要天黑了，看到老遠一個和尚走過來，便用手一招，高亭和尚回頭就跑了，德山一招手之間，他就悟了，就走了。古人伶俐如此，你們這些後輩年輕人，要想學道，要有古人這樣的氣派，這樣的根器才行。

「若是我說底都不得記一個元字腳，記著則誤你平生。（我說的話，如果聽了再記住會中毒的，會誤你們一輩子的，不過我把我的出家修道經過，整個講給你們聽聽）所以諸大尊宿，多不說做處與悟門見地，謂之以實法繫綴人，土也消不得。（為什麼古人聖賢不願講自己的修行經過呢？像我今天對你們講了，以後你們都照我那個方法來修就不對了，我只報告我的笨路子給你們聽，你們不要照著走哇！）是則固是，也有大力量有宿種，不從做處來，無蹊徑可以說者。也有全不曾下工夫說不得者，也有半青半黃，開口自信不及者。（人的根器不同，有人上上根器，平時沒有學佛，一聽就悟了；也有人完全沒做工夫，但懂得是懂得，不能夠宏揚；也有半弔子的，開口自己還信不過的）誠謂刁刀相似，魚魯參差。若論履踐個事，如人行路一般，行得一里二里，只說得一里二里話，行得千里萬里，方說得千里萬里話。汝等須是各具明眼，揀擇青黃始得，若或不然，便從佛祖肚裡過來，也是無益。」

從這一段可以看到元明以後，禪宗做工夫的公案，石成金所選的公案很值得看，不算高明，但很平實。

下一段講高峰妙禪師公案，那時是元朝了，喇嘛教進入中國，禪宗的時代結束了。高峰妙曉得元朝皇帝會請他出來，他早溜了，到杭州天目山，宣布「閉死關」，除了死，不下山。他也學不倒褡，儘管不倒褡，最後死時還是因胃的毛病而死。禪宗的最高處是認識了法身，但報、化二身是否成就，大有問題。可是不經過法身成就，見地就不清，亦不能談修持。所以五祖對六祖說：「不見本性，修法無益。」因為他們都是見了本性之故。雪巖欽的一段，是見法身的道理，透透徹徹，下死工夫的用功道理，也講得徹徹底底，但報、化二身，則不包括在內。

高峰妙禪師公案：

「師二十更衣入淨慈立三年死限學禪，一日父兄尋訪，巍然不顧。（二十歲出家學禪努力，父兄來了都不顧）二十二請益斷橋倫，令參生從何來，死從何去話。於是脇不至席，口體俱忘，或如廁惟中單而出，或發函忘扃鐍而去。（二十二歲參訪斷橋倫禪師，叫他參話頭，即日夜不懈，不眠不休）時同參僧顯慨然曰：吾己事弗克辦，曷若輔之有成，朝夕護持惟謹。（時同參道友被他精進用功的精神所感動，志願對他護持）時雪巖欽寓北磵塔，欣然懷香往扣之，方問訊即打出閉卻門，一再往始得親近，令看無字話，自此參扣無虛日。（參訪雪巖欽，一開口就被打出去，好幾次以後，才教他看無字話頭）欽忽問：阿誰與你拖個死屍來？聲未絕即打，如是者不知其幾，師扣愈虔。（欽禪師忽問他：拖死屍的是誰，未及回答就打他，每每如此，他卻更誠心）值欽赴處之南明，師即上雙徑參堂半月。（到禪堂坐禪半月）偶夢中忽憶斷橋室中所舉：萬法歸一，一歸何處話。疑情頓發，三晝夜目不交睫。一日少林忌（達摩祖師誕辰），隨眾詣三塔諷經次，抬頭忽睹五祖演和尚真讚云：百年三萬六千朝，反覆元來是遮漢（反反覆覆原來是這個傢伙）。驀然打破拖死屍之疑。（悟了！）其年廿四矣！解夏詣南明（去見雪巖欽和尚）。欽一見便問，阿誰與你拖個死屍到遮裡？師便喝，欽拈棒（老和尚見他一喝，手裡抓住棒子，要打過去了），師把住云：今日打某甲不得。（今天可不能打我，你會打錯人哦！）欽曰：為甚麼打不得？師拂袖便出。（就是這樣答覆雪巖欽，換句話說，表示他悟了）翌日，欽問：萬法歸一，一歸何處？師云：狗舐熱油鐺。（這個問題等於狗舐熱油鐺一般，舌頭伸出來，口水在滴，舐嘛，太燙！不舐嘛，實在香！捨不得走）欽曰：你哪裡學遮虛頭來？師云：正要和尚疑著（罵師父，我正要你對我起疑情）。欽休去（老和尚不理他了），自是機鋒不讓。」

「次年，江心度夏（到江心寺）。」「一日，欽問：日間浩浩時，還作得主麼？師云：作得主。又問：睡夢中作得主麼？師云：作得主。又問：正睡著時，無夢無想無見無聞，主在甚麼處？師無語。（完了，悶住了，是作不了主，白天清醒時，曉得起心動念處。該發脾氣時，唉！不對，瞋心，去掉。雖然壓得很痛苦，總算作得了主。作夢時，也作得了主，了不起了。但是無夢無想時如何？師父這一問問住了。高峰妙自認為悟了的，所以師父拿棒子打他，他抓著師父的棒子，翹頭翹腦的，那麼有自信，現在無話可說了）欽囑曰：從今日去，也不要汝學佛學法，也不要汝窮古窮今，但只飢來吃飯，睏來眠，才眠，覺來卻抖擻精神，我遮一覺，主人公畢竟在甚麼處安身立命。（老和尚慈悲，曉得以前對他那一套沒有用，現在換個輕言細語對他講）丙寅冬遂奮志，入臨安龍鬚，自誓曰：拚一生作個癡獃漢，決要遮一著子明白。」

這地方你沒有悟到，好了，當你到了榮民總醫院，氧氣一拿掉，最後一口氣不上來時，你在哪裡安身立命？還有你沒有？這個地方沒有悟到，白學！白天念阿彌陀佛，碰你一下，阿彌陀佛，還好；推你一下，也阿彌陀佛，還沒發脾氣；到了夜裡做夢時，討厭！沒有阿彌陀佛了，夢裡照樣發脾氣，貪瞋癡都來。就算夢裡作得了主，無夢無想時，你在哪裡？作不了主了，佛白學了。老和尚的一段話，輕言細語，何等的慈悲，他自己也是過來人。我們要研究：我怎麼睡著的？怎麼醒來的？你說，我曉得怎麼睡著，那時你一定沒有睡。你說你曉得怎麼醒來的，那時你早醒了嘛！這是科學的問題。這一段搞清楚了，才可以了「生從何處來，死向何處去」，然後六道輪迴可隨意來往自如，三界六道任意出入，地獄也可以去玩玩，沒有關係，只要你有這個本事。因此，高峰妙發了志，狠下心來，決定要明白此事。

「因同宿友推枕墮地作聲，廓然大澈。」枕頭掉到地上，碰！一聲，他大澈大悟了，才曉得無夢無想時主人公何在。主人公在枕頭裡頭嗎？你們回去參參看。

「自謂如泗州見大聖，遠客還故鄉，原來只是舊時人，不是舊時行履處。（我還是我，可是不是從前的我，完全不同，起心動念，作人處事，都不同了）在龍鬚九年，縛柴為龕（搭個茅蓬），風穿日炙，冬夏一衲，不扇不爐，日搗松和糜，延息而已，當積雪沒龕，旬餘路梗絕煙火，咸謂死矣，及霽可入，師正宴坐那伽。」宴坐那伽就是入定了。

這是高峰妙禪師的幾段公案。學禪做工夫的人，注意前面所提五個重點，與學禪做工夫都有關係，是很重要的。尤其現在很多人喜歡談禪，禪宗不是談的，禪是講修的，個個都從這裡過來的。馬祖固然於言下頓悟，但還是從他南嶽衡山打坐多年的基礎而來的。現在的人兩條腿都降伏不了，還談什麼降伏其心呢！這就是參禪、做工夫修定的真正榜樣。但我坦白的下結論：就算能了法身，報、化二身還有問題。所以，中國有些學者講，禪宗容易走入小乘的路線，這個小乘並不是說「行」上之小，連見地、修證、行門，都容易走上小乘路子。報、化二身要想圓滿成就，可不容易。像高峰妙這種苦行、這種堅貞，尤其了不起的是同明朝許多高僧一樣，都是在國破家亡之後，替中華民族保留了正氣。他曉得以他當時的名氣，元朝一定會來請他的，他趕快就跑。他的徒弟，很有名的中峰禪師，也聽他的命令，不准出來作元朝的國師，皇帝來請都不去，連中峰禪師也躲掉了。到了明朝以後，這個系統的大師才出來，這又是歷史、文化、佛教史上的另一段公案。但看其精神，視其品格，都是不得了的人，我們現在望塵莫及。他們住破茅蓬，平日搗點麋粉，能不死就算了。乃至大雪天，被雪封龕，十來天，路既不通，也不能舉炊，人人以為他死了，結果過了十多天，雪停了，跑去一看，他還在入定，坐得正好呢！所以說，言下頓悟，那是古人，不是我們。

現在讓我們繼續《瑜伽師地論・卷第十三・本地分中三摩呬多地第六之三》。

講修定：「復次，如世尊言，修靜慮者，或有等持善巧，非等至善巧。」這是彌勒菩薩說的話，當然是無著菩薩的記錄。

修定的人，定慧等持雙修，以現在人的修法來講，如禪密雙修，或禪淨雙修，或止觀、唸佛雙修等，是等持善巧。非等至善巧，是走專門一點的路子。

「廣說如經，嗢柁南頌：云何等持善巧？謂於空等三三摩地，得善巧故。」所謂等持，就是真正證到空，證到真正的性空境界。有些是真空，有些是假空。如道欽禪師所云，硬把念頭壓下去，看起來也覺得空，但那是假空，第六意識硬壓下去，不是真的。

「云何非等至善巧？謂於勝處，遍處，滅盡等至不善巧故。」勝處，指最好的境界；如果空的境界有偏，不圓滿；善巧是方便的意思。這裡說，要進入那個境界就立刻進入，不似我們瞎貓撞到死老鼠，是碰上的。

「云何等至善巧？非等持善巧？謂於十種遍處等至，及無想等至。」

「云何為住？謂善取能入諸三摩地，諸行狀相，善取彼故，隨其所欲，能住於定。於三摩地無復退失，如是若住於定，若不退失，二俱名住。」

什麼叫住的境界？什麼叫入定、住定、出定？前一段講如何進入定的境界，進入定境後，如何能住在定的境界中。這要靠我們在知識理論上認識清楚，進入定的行（心理行為）狀（定境的現狀）。

「善取彼故」，入定、住定不是不著相，硬是有點著相，可是不是凡夫的著相，是住在那個定上的著相。你一定，當然是住相了。這個住相要「善取彼故，隨其所欲，能住於定。」看你對哪一種定境喜歡，就住在哪個定境上，這個喜歡不是煩惱妄想的喜歡，是看我們現在的需要。

比方，如果今天上座，妄想雜念特別多，像道欽禪師講的，又散亂，又昏沉，這個時候就要懂得用什麼善巧，用什麼方法，才能去掉散亂、昏沉。這裡頭，以中國文化講，就有三種了，精、氣、神三樣不同，要檢查出來。曉得今天散亂多、煩惱大，是否由生理來的？比如女人都有週期性的現象，要用什麼方法才能使自己除去煩惱，進入安詳的境界。其實男人同樣有週期，可是不容易知道。

又比如吃了某一種東西，腸胃吃壞了，或是今天氣脈引導不好，會煩躁得不得了，火大得很，恨不得連自己都殺掉。所以有人打坐會走火入魔，像這種情形也差不多了。

用一種方法善巧調治，使能住進定境，就叫作對治法門。所以修行不是一味藥，不是像八卦丹、萬金油之類，樣樣毛病都可以用的，這是講生理部分。有時候，是「精」的問題，也包括生理上的營養過多、或不足所引發的毛病。有時候是「氣」的問題，所謂氣脈對與不對，中行氣、上行氣、下行氣、左右行氣，種種等等，因調節不好，影響到心肝脾肺腎，發生了問題。有時候是心理問題，就是「神」，因為受了打擊，心境非常低沉，低沉是大煩惱。這一切都要曉得調劑，如果不知道調劑，每天做工夫，步步都是荊棘，都沒有用，都是開倒車。

第廿二講

內容提要

明心見性與三身
呂純陽與黃龍
重要的資糧
不能得定與出定
定境中的退位
現觀與聖教量

答覆同學問題：

明心見性是見到法身；修到六通具足，三身四智，三十二相，八十種好，是報身圓滿。至於千百萬億化身，就是化身成就。

許多禪宗的師父們，見到了法身，不見得有報身成就。在印度過去的二十八位祖師，及在中國的五、六祖以前，三身成就者有之，六祖以後，三身成就的非常少。以前提到竄基法師的前生，那個與法、報、化三身都沒有關係。普通得定的人都可以出陰神，陰神不是法身，那還是在妄念境界中，還是業力境界。四禪可以做得到出陰神，初禪定也可以做得到。

阿羅漢可以從鑰匙孔裡出入，這是神通，與法、報、化身沒有關係。密勒日巴尊者得三身成就否？（師置答）比如濟公活佛，還是大阿羅漢境界，是獨覺乘，還不是大菩薩境界。

明心見性而悟道的人，所得的是根本智，但不一定有差別智。能夠見到自性，自性又能夠起用，能夠圓滿了一切功德而成就，那才真不容易。

欲得健康長壽，要留意研究呂純陽的〈百字銘〉。

呂純陽是由禪宗開悟的，以後奉黃龍祖師之命，生生世世永遠為佛教的外護。呂純陽因考不取功名，後來做了黃粱一夢，醒來以後就出家去了。他修的是道家，在唐末到五代之間非常有名。他煉就很高的氣功，可以在空中飛行，他有名的兩句詩：「丹田有寶休尋道，對境無心莫問禪。」一般人能做到這樣，健康長壽已不在話下，祛病延年，長生不老也可以做到。當然這兩句詩當中的修持方法，是有很多意義的。

有一次，他御著寶劍飛行，經過江西廬山，當地有個大廟子，就是禪宗的黃龍寺。呂純陽是在高空飛過時，看到此山氣象不同，必有高人。他降下來一看是黃龍寺，有人正在講經，就是臨濟宗大德黃龍禪師。他站在旁邊看了半天，覺得很奇怪，這禪師又沒放光，又沒動地，更沒有像他一樣的本事，是個普通和尚嘛！怎麼那麼多人聽他的呢？越看越奇怪，就站在那旁邊。黃龍禪師不說法了，云：「座中有人竊法。」認為有人在偷聽。呂純陽不吃這一套，就站起來了，黃龍問他是誰，他報了自己名字，黃龍說：哦！原來是你啊，我以為你了不起，原來只是個守屍鬼。（這個身體可以長生不老，把它守得牢牢的）呂純陽一聽，生氣了，真人有長生不老之藥，你這凡夫肉胎算什麼！黃龍說：「饒君八萬劫，終是落空亡。」呂純陽惱了，袖子一揚，飛劍擊出去了，故意嚇嚇老和尚，豈知飛劍到了老和尚面前停住了，反而倒轉向自己這邊殺過來。他奇怪了，這老和尚是普通人嘛，又沒有工夫，怎麼我的劍不聽我的指揮呢？後來有人專參這個話頭，是韋陀護法呢？還是黃龍般若之力？或是其他原因？到底是什麼道理呢？黃龍笑道：你不要擺這一套，你剛才說你有真本事，我問你，你見個什麼道理？呂純陽說：「一粒粟中藏世界，半鐺鍋內煮山川。」這是道上的話，也是講自己見道的道理。黃龍說：「我不問你怎麼煮山川，請問一粒粟中如何藏世界？」就這樣，東搞幾下，西搞幾下，呂純陽開悟了，作了一首詩：

棄卻瓢囊摵碎琴　如今不戀汞中金
自從一見黃龍後　始覺從前錯用心

那個時候，道家出了呂純陽，等於禪宗出了一個六祖。如何煉得健康長壽，可參考呂純陽的〈百字銘〉，這是釋、道、儒三家最好的東西，也是學佛最好的東西。

〈百字銘〉：

養氣忘言守　降心為不為　動靜知宗祖　無事更尋誰
真常須應物　應物要不迷　不迷性自住　性住氣自回
氣回丹自结　壺中配坎離　陰陽生反復　普化一聲雷
白雲朝頂上　甘露灑須彌　自飲長生酒　逍遥誰得知
坐聽無弦曲　明通造化機　都來二十句　端的上天梯

養氣也是十念法中，修出入息的真正工夫。降心出自《金剛經》：「降伏其心」，為而不為，有意降心就著相了，自性本空，所以為而不為，見地、工夫都告訴我們了。動靜二句，把觀世音菩薩圓通法門放進去了，「動靜二相，了然不生」，可是不昏沉，也不散亂，自己能夠作得了主，空得了，不要另外找個方法。對人處事，自己要能不違背本性，這裡都是講工夫。不要做什麼工夫，心氣合一，心物是一元的，真正念頭空了，「氣自回」，自然會氣住脈停，達到二、三禪。

這裡講丹，並非肚子裡真有個東西，古代道家形容，丹就是像月亮一樣，圓圈中間一點，代表圓滿自覺靈明的一點覺性。壺代表身體，自己的氣脈起變化作用。只要做到氣住脈停，它自然會起變化，自然的定久了以後，「普化一聲雷」，轟的一下，身體所有氣脈都打開了。這時候，正如莊子所講的「與天地精神相往來」，與宇宙一體，這時中脈真正打開了。「白雲朝頂上」，這才是密宗真正的灌頂，諸佛菩薩智慧光明灌頂。「須彌」是講頭部，頭部的大樂輪震開了。這時候，長生不老絕對有，此乃世第一法。「無弦曲」就是觀世音菩薩「以聞、思、修入三摩地」。

這二十句話，一句五個字，共有一百字，所以叫〈百字銘〉。這二十句由普通人開始，修到長生不老，乃至超凡入聖，都說完了。每一句都是工夫，都是見地。

比如開始大家都想得定，為什麼做不到呢？就是第一句話做不到：「養氣忘言守」，養氣工夫做到一點都沒有妄念，誰做到了？念頭多得很，守也守不住。「降心為不為」更做不到，這個做不到，下面的話更談不上了。靜中打打坐還有一點影子，下了座什麼都沒有，根本不能知宗祖。「動靜知宗祖」很重要，心中一天到晚都在靜中，沒有事，誰做到了？靈明覺性經常在，氣自然回，並不是叫我們做工夫。丹「自」結，那是自然的，是我們生命中本來就有的。

大家不要用宗教界限觀念來看這首〈百字銘〉，他本來也是禪宗的大護法，是黃龍真正得法弟子之一。如想健康長壽，照他的話去做，絕對夠了。

現在繼續講《瑜伽師地論》，有關修定部分，上次講到：

「云何為住？謂善取能入諸三摩地，諸行狀相，善取彼故，隨其所欲，能住於定。於三摩地，無復退失。如是若住於定，若不退失，二俱名住。」

什麼叫住？先要選擇一個方法，是自己根器所適用的。同樣的方法，因根器業力不同，適應力也不同。換句話說，選擇自己身心所適合的方法，容易進入定的境界。因「善取彼故」，善於抓到一個法子，「隨其所欲」，自己要入哪一種境界，就入哪一種境界。而且可以保持不退，這才叫作入定。入於定的境界不退轉了，叫「住定」。

「云何為出？謂如有一於能入定諸行狀相，不復思惟。於不定地分別體相，所攝定地不同類法，作意思惟，出三摩地。或隨所作因故，或定所作因故，或期所作因故，而出於定。隨所作者，謂修治衣鉢等諸所作業。定所作者，謂飲食便利，承事師長等諸所作業。期所作者，謂如有一先立期契，或許為他當有所作，或復為欲轉入餘定，由此因緣，出三摩地。」

什麼叫作出定呢？到了住定的狀況裡，不起任何分別思想，可是，忽然一念來了，這一念哪裡來？自己都找不出來，突然起一念，同定的境界相反。換句話說，這一念來了，把定破壞了，這一念就是「作意思惟」。這力量很大，在五徧行中就叫作意，就引發了你的思想。

為什麼念頭會來？這裡面包括了幾個原因：「或隨所作因故」，這點要注意，真正修行是注重行門，就是心理的行為，平常待人做事、講話，種種的行為。因為種的因不同，不一定能得定的果；種的因不同，定都定不下。有時我們身心有煩惱，所以定不下去。業力沒有消除，也不能夠得定。這就是「隨所作因故」。

「或定所作因故」，定的方法、目的不對。比如今天感冒了，剛開始坐時，想把感冒去掉，這個動機觀念，就是定的因，雖然是這麼微細的一點差別，但是它在效果上差別卻很大。

「或期所作因故」，期就是希望。比如有些人打坐，下意識裡希望，我只要打坐，身體就可以健康了。還有些人想得眼通；又有些人盤起腿來故作打坐狀，在幻想裡頭舒服一下。所以因地不同，果就不同。

「而出於定」，這些任何一個因素，都能夠使你出定。

「修治衣鉢等諸所作業」，就是彌勒菩薩舉的例子。有些人在定中，好好的，忽然一個念頭來了，有一件衣服破了，下座縫兩針吧！或忘了某件事情，突然想起來了，然後又後悔不對，坐在那裡思想亂搞起來了，這是出定相，破壞了那個境界。彌勒菩薩的這句「修治衣鉢等諸所作業」，包括了一切。下面「飲食便利，承事師長」，也是使你不能得定、或出定的原因。

「先立期契」，等於有些人睡覺不需要鬧鐘，明天有事情，自己會在幾點鐘醒來，這是心念業力的作用。

「何等為行？謂如所緣，作種種行，而入於定。」所緣如念佛號，道家的守竅，密宗的觀想等等皆是。以唯識觀點來講，所緣就是作意，意識上所特別造成的。個人所緣的方法不同，而入於定。

「謂麤行」，如感覺在世上的負擔太重，挑不下這個擔子，很想離開。「靜行」，尤其在工商業時代，生活一天到晚忙碌，很想靜一靜，休息休息。「病行」，生老病死等。「癰行」，看到世上一切都是髒的，好似生了毒瘡一般。「箭行」，像毒箭一樣無情。「無常行」，感覺一切無常等。

因為這一些觀念，促使我們努力去修道。

「若於彼彼三摩地中所有諸行，何等為狀。謂於諸定臨欲入時，便有此定相狀先起。由此狀故，彼自了知，我於如是如是相定，不久當入，或復正入。」

由前面的種種心理觀念而修定，「彼彼三摩地」，所有定的境界個個不同。這些定的情形如何，要認清楚。

這就是所謂教理。教下與宗下不同，宗下取一法，一門深入，進去了再說。教下等於從小學、中學而大學，學科學一樣，先把理論研究清楚，然後再到實驗室作實驗。教下告訴我們：「於彼彼三摩地中所有諸行，何等為狀」，理論上先要搞通，什麼叫現狀？理論清楚了，一放下來，修行做工夫就可以清清楚楚，曉得自己現在這個情況可以進入三昧。有時覺得今天的身心情況，與念佛法門不相應，就要知時知量，或作觀想等等。所以學佛要學八萬四千法門。有時覺得身心不對，用十念法中念息，就對了。我平常也教了很多法門給大家，要曉得適時而用之。理論研究透了，自己要曉得什麼時候可以進入哪一種定境，就可以用自己知道的方法。「彼自了知」，理研究透了的人，兩腿一盤，或不盤腿，只要一站，就曉得自己這時可以進入某一種定境。

所以並非光做工夫就對，光做工夫往往是盲修瞎煉，自己到了哪一種定境也不曉得，這叫啥名堂！有些人光學佛學也不對，沒有配合工夫，那變成思想學術有什麼用！

「彼教授師，由此狀故，亦了知彼不久當入如是如是相定。」

因為有明師指導，有時候只要他一看你的情況，就知道可以進入哪種定境，便教導你修哪種法門，可以馬上進入。所以教授師接引人，除了要有他心通，知道別人的根器以外，還要看個人的身心狀況，而教授他最適當的方法。

這一段，彌勒菩薩告訴我們怎麼入定、住定、出定。

「何等為相？」什麼叫相？現代觀念叫現象、狀況，也可以說是境界。

「謂二種相：一所緣相，二因緣相。」比如念佛、止觀、觀想、修氣、修脈等等，是所緣相。第二因緣相，比如雪巖欽禪師，那麼用功，還是開悟不了，有次忽然到了一棵松樹下，一看前面松樹，悟了，這是因緣相。

「所緣相者，謂分別體，由緣此故，能入諸定。」開始修法時，是用分別心，但都是用意識，不用意識怎麼修呢！你說，我什麼念頭都不要，修無念。那也是意識在修無念啊！所以呂純陽說「降心為不為」，由有為證到無為，就是這個道理。

「因緣相者，謂定資糧，由此因緣，能入諸定。」修定做工夫是要資本的，佛法叫資糧。學佛要具備兩種資糧：智慧資糧，福德資糧。尤其學密宗，資糧特別重要。菩薩五十五位、十信十住十迴向等，都屬資糧。資本糧食不具備，你拿什麼去修啊！

沒有智慧，教理沒有搞通，智慧資糧就不夠。福德資糧就是福報，福報不夠，等你剛剛要打坐，電話來了，家裡什麼人病了，你連打坐休息的福報都沒有。剛剛想上軌道，空下時間來用功，東邊冒火，西邊冒煙，屢試屢驗。不做工夫，什麼事都沒有；一做工夫，什麼事都來，修行是要大福報的。

世間功名富貴是很難得的，可是另有個福報更難求，就是清福，非多生累劫好好修行是不能得來的。我一天能享有一秒鐘的清福，心裡就覺得無限的恭敬，也有無限的恐懼，因為這是諸佛菩薩的保佑。

修定先要求得資糧，在座中就有幾個人，學佛修道也很多年，講理論都是第一等；講工夫，有一點點；講福德資糧嘛！一點都沒有，沒有時間打坐，自己想想看，是不是福德資糧不夠？

「謂隨順定教誡教授，積集諸定所行資糧，修俱行欲厭患有心，於亂不亂審諦了知。」

彌勒菩薩說定的資糧——福德與智慧，學佛第一步先求圓滿這個，這個不具備，你別想修道成功，連打坐都沒資格。為什麼說沒有資格呢？第一個，想修清淨於亂不亂，自己很清楚，可是福報不夠，你不擾亂人，人家可來擾亂你修行。

「及不為他之所逼惱」，你的功德不夠，他就來惱亂你。「或人所作，或非人所作，或音聲所作，或功用所作。」其實外魔也好，內魔也好，都是唯心所造。工夫求得太切了，自己造成魔境，這是「功用所作」。換句話說，沒有魔，一切都是自己的心魔所造。

「云何調善？謂若三摩地，猶為有行之所拘執，如水被持，或為法性之所拘執，不靜不妙，非安隱道，亦非證得心一趣性，此三摩地，不名調善。」

這一段要注意，什麼叫善？就是曾子在《大學》中所講：「大學之道，在明明德，在親民，在止於至善。」這是對至善下的一個最好的註解。在定的境界裡，心裡頭仍有「有行之所拘執」，比如心裡頭還有修道的一念，這個念已經把你心理拴起來了，心理的狀況，已經沾在某一個境界上，已經執著了，被這個觀念拘束起來了。等於「如水被持」，水倒在一個茶杯裡，它的範圍境界，就是只有茶杯那麼一點點大，假如我們把一杯水倒在大海裡頭，你看看這個水性的境界有多大！

什麼叫「法性之所拘執」？禪宗的書，密宗的書，這些佛學的書看多了，那些理論就把你抓住了，滿腦子佛學，滿口佛話，一身的佛油氣，佛魔，就是彌勒菩薩的這句話，「法性之所拘執」。結果心念專一做不到，靜不下來，根本達不到心一境性，這些不屬於善，不能調和心境。諸如此類等等，必須自己做研究。

講義發了那麼多，為什麼講解東一下，西一下呢？為的是不讓你們有依賴心，只能挑重點講，其餘的要自己去看，繼續研究才行。

「復次，如分別靜慮經言，有靜慮者，即於與等謂之為衰，乃至廣說，此中四轉，當知二時顛倒。」初禪到四禪的境界，有兩種顛倒會發生。佛也做過這個比方：有人問佛，為什麼初學的時候反而有效果，後來越來越難了？佛說：你沒有看過人家挖井？開始挖的時候，很容易看到效果，泥巴一挖出來就挑走了，好快，等到挖了十丈深時，兩三天還挖不上一簍泥巴來，效果就顯得很慢了，實際上效果是一樣的，只是它深了。許多人做工夫，也有這種感覺，做到後來反而覺得沒有進步了，這只能說自己沒有智慧，觀察不清楚，教理沒有研究清楚。事實上你在進步，進步轉到另一個狀態中，自己觀察不到，所以學佛修道，隨處都要智慧。

什麼叫學佛修道？一輩子研究自己，檢察自己，就是這麼簡單。英雄可以征服天下，不能征服自己；聖人只要征服自己，不想去征服天下。征服天下容易，征服自己難，所以說聖人難學。聖人是一輩子檢查自己，反省自己，研究自己的人。如果有人學聖人，卻一天到晚研究他人，觀察他人，那就免學了，那是「剩人」。修行就要在這些地方檢查自己。

由初禪定達到二禪定之間，雖也是在進步，但在進步之間，好像有一種退化現象，等於天亮之前，有一段更黑暗的時刻。同樣的，當你要轉清明的時候，可能有一段細昏沉要來，事實上絕對會來。當你過了這個昏沉階段後，清明就出來了。在理論上來講，清明是它，昏沉也是它，因為認不清楚理，只取清明，不取昏沉，自己認為退步了，落在魔障。你認為落在魔障，魔就來了。

現在所要講的，是定境中的退位。普通講工夫退步了，實際上是沒有什麼退步，尤其是照中國文化的說法，學了《易經》就懂這個道理，感覺退步只是爻變而已。天下事沒有不變的，一定變。人與事、宇宙萬物、物理與心理，都隨時在變，隨地在變，不變就不叫宇宙現象了。所以沒有一個境界是會永存而不變的。一般人不明白這個理，想把一個境界守住不變，那就叫作愚癡。中國《易經》叫「變」，佛法叫作「無常」，意思是一樣的。無常是對它的結論現狀而言，世界上一切現狀沒有永恆存在的，所以叫無常。中國的《易經》不走這個路線，而稱其為「變」，變不是指現象，是原則，天下事有個原則，那就是非變不可。懂得這個道理，第一等人領導了變，曉得下一步怎麼變，因天下事有必變之理在，所以做工夫修持，也要把這個認清楚。換句話說，做工夫修持的人，曉得這個境界非變不可，一個智慧般若高明的人，就會先知道下一步怎麼變。

《瑜伽師地論》大概摘要到這裡為止，現在我們來說《現觀莊嚴論》。《現觀莊嚴論》這本書，也在彌勒菩薩的學問系統裡面，是彌勒菩薩的五大論之一。學法相、唯識，尤其學密宗、禪宗的人，非研究不可。早期這本經典沒有翻譯過來，玄奘法師去印度取經時，帶回了梵文本，還來不及翻譯就圓寂了，梵文本也失落了，只有西藏還有此書，民國初年由法尊法師翻譯成中文。

在做工夫方面來說，「現觀」就是現量境的止觀法門。現量境是唯識學的名辭，唯識分現量、比量、非量。現是呈現出來；量是境界，是現狀。這個量字譯得實在高明，我們整個宇宙山河大地，都是阿賴耶識的現量。現量就是呈現出來，中間沒有加分別作用，是直接的呈現那個現量。比如說，我們意識的現量，就是禪宗六祖經常講的「無念」境界，也就是第六意識現量最重要的一個初步現象。所以三際托空，是意識現量的明了意識清明的這一念，沒有雜念，也沒有妄想。比如當我們早晨睡醒，眼睛還沒有張開時，心裡頭也沒有思想，既沒有生氣，也沒有高興，剛剛睡醒的那一剎那，那個就是意識的現量。一下子，我醒了，現在幾點？要上班了等等，意識分別就起來了，這分別意識叫作比量。凡是妄想、思考、分別都是比量。非量則是幻想境界，精神狀態境界。

另外還有一個聖教量，就是大家學佛修道，在腦子裡想的。比如怎麼樣達到三昧啊！怎麼開悟、明心見性啊！般若啊！這些觀念都是聖教量。是聖人教化下來的，你接受了，就有這個思想。所以你懂得佛學，理論講得再好，也不過是聖教量。這個理是佛的理，不是你的，你不是佛。

現觀呢？禪宗的一句話：前念不生，後念不起，當念即空，這是「現觀」。現觀般若，現觀清淨，但這現觀只是觀空的一面，真空所起的妙有，又另當別論。真空妙有的道理，在《現觀莊嚴論》的修法中，都包括進去了，不過它非常注重四加行。

第廿三講

內容提要

幻相和眼通
四加行位
聲聞乘的四加行
獨覺乘的四加行
八萬四千對治
習氣次第斷過
大般若大火炬
大乘的三有和涅槃
把握行蘊

有同學問關於吃肉的事。

每逢有虔誠的信仰，又真誠懇切地用功時，稍稍一上路，自然就有這個現象，就是一吃到肉馬上受不了；或一聞到肉味，一看到肉也會受不了。照佛教的道理，這是善根發起，功德的成就。久而久之，如果修持一鬆懈下來，就又想吃肉了，這是心不堅、不用功的關係。

宜蘭山上有一首神仙題的詩：

三十三天天重天　白雲裡面有神仙
神仙本是凡人做　只怕凡人心不堅

修仙修道能否成功，只看用心堅固不堅固，這是基本問題。

又有人問，眼睛一閉，前面有許多幻境，久久不能超越這個境界，如何解決？

當氣脈通過後腦玉枕關時，有些人因為營養不良，就會發生種種問題。

有人眼睛發紅，有人產生類似白內障的情形，只要有信心，一通過了就好了，而且眼睛比以前還要好。氣脈到了玉枕關，將通未通之際，就發生很多現象，只看到幻境還算是普通的，有些人連牆壁都看透了，發起天眼通。在這種情形之下，神通跟神經是兩兄弟，當各種幻境都來時，不是去不掉，而是我們在玩弄它，連自己也不知道。如有很想去掉它的這個心，不是被它轉了嗎？執著了嘛！只要一切不理，慢慢連腦袋都忘掉，就好了。然後又轉入另一個新境界，不會再看到幻相，而是看到身體內外一片亮光。久而久之，自己心臟血液流動的情形，也都看得很清楚，不用去照X光了。可是不要把它當成眼通，當眼通就著魔，不當眼通就差不多要通了。所以不要想辦法去除掉它，如果道理不清楚，還要執著這個境界，幻境就會越來越多。主要原因是眼睛機能衰退或疲勞，這時吃點補眼的藥物會有好處的。

現在繼續上次所講的。

《現觀莊嚴論》與《瑜伽師地論》有密切關係，尤其它偏重於修持和四加行方面。密宗黃教宗喀巴大師的《菩提道次第廣論》及《菩提道次第略論》，也都是根據這個系統而來的修持方法。所以修密宗黃教，乃至其他密宗各教派，不論是基本的理，或者修證，都是依此。事實上，這幾部論都是顯密各派修證的寶典，都非要搞通不可。

《現觀莊嚴論略釋・卷一・一切相智品第二》（對四加行的方法加以解釋）：

「如是四加行道中，由是見道智火之前相，故名曰煖。」

四加行的修法，由於先要求見道，就是禪宗所說見地，真見到性空。但這個見不是眼睛看見的見，是「見見之時，見非是見，見猶離見，見不能及」。《楞嚴經》告訴我們，「能見」見到「所見」時，見道的那個時候，那個見道的「見」，不是眼睛看到的那個見。能見、所見的都離開了，不是我們現在想像的眼睛看到了道，或者是理上所能瞭解的情況。

「見道智火之前相」，就是快要見道以前，將要見道那一剎那間，發起了煖地。這也是作學術教理的解釋，換句話說，真見道時，如禪宗一些大德們的自述，在剎那之間，轟的一悟！出了一身大汗，這就是四加行的初步煖相來了。

「由諸善根不被邪見所動，故曰頂。」

這時再進一步，配合行。禪宗百丈禪師有一句話：見道的人「不異舊時人，只異舊時行履處」。表面上看起來，悟了道的人還是原來那個人，可是他的心理思想行為，作人處事的道德標準，跟過去完全不一樣了。他們變得不刻意求善，而自然合於善。為求善而行善是痛苦的行為，那是「戒行」，是難行而且是勉為其難的行，所以守戒有功德，值得讚歎，見道的人不談守戒，但是一切自然在戒行之中，「諸善根不被邪見所動」，這是頂相。

「由滅惡業所感生之惡趣，及於真空性遠離怖畏，故曰忍。」

自然的滅掉一切惡業所感應而生的惡趣。這句話嚴格的講起來，問題大得很。換句話說，由於過去惡業所造、所感應，在這一生會有惡趣現象。這個「趣」，就是向六道輪迴的趣向，仔細觀察可以發現，許多人因「惡業所感」，他的現生，或衰老時，或臨死前，已呈現了將去那一道的現象。還有些人的惡趣向，在夢中呈現，各種各樣多得很，佛經裡頭都曾講到。

見道到煖地、頂地的人，定力仍是不夠。因為定力不夠之故，有時正在定中，惡趣現前，會產生恐懼。比如大魔境現前，平常你們不會怕，但在那個時候會怕起來。忍就是定力很堅固，有堅忍、截斷的意思。第二句話講真空性的恐怖，我們學道就是想見空，為什麼見空又恐怖呢？很多人會這樣，所以《金剛經》教你福德要夠，如果福德不夠，你見到自己的空性會害怕。大家天天想修道，修道人第一個要守得住寂寞。人生的最高修養是守得住寂寞，能欣賞得了淒涼，修道人面對淒涼的境界，會覺得很舒服。如果忍不住寂寞，守不住淒涼，什麼事都做得出來。尤其修道，根本就是修寂滅，寂滅來了，你守不住了，這不是背道而馳嗎？這個地方非要「忍」，遠離空的恐怖，這是真「忍」。

「由是見道之親因，一切世間法中最為第一，故名世第一法也。」

這才是真正的見道，彌勒菩薩用文字，從學術性的觀點告訴我們。事相上，煖是真得煖，而且煖壽識三個是一體的。所以轉識成智，如果意識真轉了，轉成妙觀察智時，沒有不發煖的。密宗的修氣、修脈、修明點、修拙火，不過是煖相的初步，並沒什麼了不起。可是念頭、妄念、意識不能轉，就不能發起煖相。一得煖相就是得三昧真火，這時道家的祛病延年一定辦得到，因為煖、壽、識連著，物理世界也是如此。我們這個欲界的物理世界，凡是死亡的東西，一定是會冷卻的，活的東西一定是煖的。所謂煖、頂、忍，不光是道理，還有事實。

「此處別說三寶教授中之僧寶，謂如第二品所說，道相智所攝大乘見道十六剎那中。」

第二品裡頭介紹過道相智。什麼叫見道？彌勒菩薩都對我們說了。不過，見道的道相中間，有十六剎那的情況變化出來，這時候，「安住八忍之聖位菩薩」，進入菩薩境界。聖位菩薩也叫作預流向，同小乘的果位相等，是預備菩薩的後補者，不過有「鈍根隨信行，利根隨法行之二」。

鈍根的人只是有信仰，由信仰慢慢培養工夫和見地。利根的人因信就進入了，證進去，馬上起用。這兩種是不同的。因此說，四加行法也有兩種人，他們的修持境界、經過與成就，也各自不同。

「鈍根者名信解，利根者名見至。」鈍根的人就是學理上相信，見地上沒有開發。利根的人理到了，工夫、行願都隨著一起來。

《現觀莊嚴論略釋・卷二・道相智品第三》：

「了知聖聲聞道之道相智因，有四順決擇分，謂色等勝義空故，通達空性與色等無分別慧所攝持之加行道即煖位。」

這是四加行道，工夫與事都包括在內。這裡講的是聲聞的四加行道。大、小乘、羅漢、菩薩各有各的四加行，乃至外道修定做工夫，也有四加行，成就則有深淺之別。

現在講聲聞道的加行道相。這句話是說，聲聞乘證了聖果的人，他的道相智，就是見道以後的智慧境界，有四個條件可以測驗出來。

首先，悟了道的人一定證到「色即是空」，這不是理論，要到這個「色等勝義空」的境界，是色的第一義空，不是色的現象，這是聲聞乘的境界。

若說把山河大地看空了，一切色隨意而轉，是菩薩境界。學過唯識就知道，菩薩境界的前五識也轉了，五八果上圓。前五識真轉了的人，要變年輕就變年輕，身體不好便轉好。前五根都轉不了，算見個什麼呢！

這裡告訴我們的是「勝義空」，形而上的，透澈證到了「色即是空」。慢慢進一步智慧到了，曉得「空即是色」。通達了色與空無分別，才算到達聲聞果的煖位。

「通達色等勝義無所得慧，所攝持之加行道即頂位。」再進一步了解了色法，即物質世界的四大是無所得，畢竟了無所得，本空，也就是「色不異空」。這個所得的智慧，所包含的境界都做到了，才是聲聞乘的頂位。到達了頂位，一定是三脈七輪通了，完全打開了，頂相即可達到與宇宙合一。

「通達色等於勝義中，破除安住常無常等理，此慧所攝持之加行道即忍位。」

再進一步，在見地上通達色等四大在第一義上已經破除了那個境界。是什麼境界呢？即安住（即任運、保持）以及諸行是常或者無常等道理。

佛學勸導人瞭解諸行無常，一切是空。大乘佛學中，佛說《涅槃經》，不說無常，也不說空，說的是常、樂、我、淨，與佛原始說法恰好相反。當佛涅槃時，告訴我們說，無常、苦、空、無我是方便，真正的是常、樂、我、淨。不管是無常、苦、空、無我也好，常、樂、我、淨也好，都是兩頭的話，中道第一義諦，兩頭都不著。空與有是兩頭的話，是相對的，修與不修，打坐與不打坐，都是兩頭，所以都不要執著。

這裡很嚴重了，色法，物質世界都是無常，但成、住、壞、空，一直重新反復，可見它也不是無常，但決不是唯物思想家的「常見」。你要通達了這個，才到達聲聞地的忍地成就。

我們可以看到一個一個境界不同，所以修密也好，天台也好，禪宗、淨土、道家也好，這些理不透，所有工夫都白作了，自己困了自己多少年都不知道，那個境界破不了，你就沒有辦法再昇華上去。

比如現代人很喜歡講氣脈，氣脈真到了身心內外光明充滿以後，下一步怎麼辦？你說不知道，你就在千生萬劫中慢慢滾吧！我常問人：你說轉河車，究竟轉到幾時為止？這話不是玩笑，可是沒有一個人答得出來。所以下一步應該如何，教理非通不可。其實佛在三藏十二部、顯教裡頭都說了，因為佛經難讀，有些問題在這一本，有些問題在那一本，讀書不留意就忽略過去了。

「依於十地者，謂通達極喜地等勝義無所住，如經廣說，此慧所攝持之加行道即世第一法。」

更進而到菩薩的初地歡喜地，即「勝義無所住」，形而上道的境界。這個境界是般若智慧之所攝持，才叫作世第一法，不過是初地菩薩的境界而已。

「言自覺者，指獨覺阿羅漢，此於最後有時，不須依仗他師教授，自能證得菩提，其亦字者表於彼時，自亦不用言語為他說法。」

有時候，找不到真正證道而修持的明師，自己也可以求自悟之道。佛也告訴我們，要皈依佛、法、僧三寶，佛法僧三寶都還在，《大藏經》全部都在，你只在佛經上找，等於佛親身在這兒一樣，這樣去努力，也可以求得自覺之果。所以講自覺，就是獨覺、聲聞、緣覺。中乘道獨覺阿羅漢，在最後頓悟那一剎那，也並不一定要靠善知識，他自能證得菩提，這叫獨覺佛、辟支佛。這一段很重要。

注意，剛才所講的聲聞道中，在這本書裡總是拿色、空二義來講。色就是地水火風四大，身體、物質世界都屬色。證悟到了就是見空性。見空性後沒有一法不轉的，一定轉，所以叫頓悟。換句話說，色法也跟著頓轉，這是一定的。等於修持次第講「煖、頂、忍、世第一法」四加行法一樣，到某一步，某一步境界一定呈現，這不是教宗規定的，而是身心走修持路線必然的變化。工夫到了那一步，就是那個現象，如果沒有那個現象，就不是那個境界，工夫就沒有到那一步。

「當知麟喻道，由三法差別所攝，謂遠離色等外境所取分別，未能遠離內識能取實執分別，就所依差別，是依獨覺乘所攝法之法性為所依種性故。」

這裡特別提出來說，有些修持多年的人，也許偶然到達這個境界一下，是瞎貓撞到死耗子，撞到麟喻道的境界（麟喻道比喻獨覺乘）。緣覺乘自悟自肯的境界有三種情形：可以達到對世上一切都淡泊了，對外境不大喜歡，分別心也比較輕微。如果可以做得到這樣，有這個修養，但為什麼不能永遠保持呢？那是因為「未能遠離內識能取實執分別」之故。也就是說，內心阿賴耶識壞的種性之根，還沒有拔掉，還在那裡的原故。「野火燒不盡，春風吹又生」，我們的妄想習氣就是這樣，你覺得自己沒有執著，事實上，無意中已在執著，連自己都不知道，能夠曉得這習氣的話，就能得解脫了。

這個「分別」兩字，不要搞錯了，以為分別總可以看得見，其實，有時候自己的分別心自己是看不見的。比如剛才同學問的：用功幾天，不想吃肉了。這時候你以為吃葷的分別心要離開了，不然！也許夢中看到那盤肉還香呢！當年我從峨嵋山閉關後下山，與一個出家朋友結伴同行，快到成都，離城五、六里時，一股人臭味就逼上來了。那時才信《西遊記》中，妖怪找人肉吃很容易，一聞到哪裡有生人味，妖怪就來了。待進了城門，這位出家朋友聞到四川的回鍋肉，還香得很呢！於是忙催我趕緊離開，這個就是「實執分別」，在阿賴耶識中，我們自己不知道。能夠找得出來這個，就差不多了。

所以，有時候自己覺得這幾天用功得很好，心地蠻乾淨的，卻不曉得自己那個實執分別，一下就把自己掛上了。修道學佛，搞得心中很清淨的時候，有一個分別很可怕，稍稍看到別人講錯了話，做錯了事情，或者不合規矩，馬上覺得很討厭，那就是瞋心，「實執分別」。你以為「實執分別」那麼容易去啊！如果真的那麼容易，你早就成道了。

前面講過關於由修持而達到健康，以及做工夫進入定境的問題，因此採用了《增壹阿含經》修出入息的方法，結果發現了很嚴重的問題。有許多人把這道理搞錯了，尤其是女性方面。女性做調息，收小腹時，注意力不可以在小腹，舉凡任何修法，都不可注意下丹田。凡是注意丹田，沒有不出毛病的，男性也是一樣。守下丹田會把肚子守大、腸子結厚、胃下垂，這叫什麼工夫？隋唐以後塑的佛像，都挺著大肚子，這完全是錯誤的塑法，這種塑法是很害人的，實際上不是這樣。

調息煉氣，這個氣不是從鼻孔裡出入的氣，只不過是藉這股氣，加以運用。如同藉用火柴一樣，點燃以後，就不要火柴了。每個人身體生命都是有煖的，身體本身也有氣，要把這個體會出來，才做安那般那。真把氣的道理體會出來，七天以內一定證果，這話不是開玩笑，佛法是不欺人的。

大家修氣修脈，連什麼是氣，什麼是脈都沒有搞清楚，專門在呼吸上搞。以前講過，呼吸、聲音這些都是生滅法，以生滅法求不生不滅之果，合邏輯嗎？當然錯了。至於煉氣，我們身體內部本來就有氣，只要把自己本來有的引發，你真做到了，身體內部一定起變化了，那有什麼困難呢！

比如你疲勞了，想睡覺，這時只要吸入一口氣，停止呼吸，把氣閉住，身體內部本來有元炁的，那個元炁的功能就發起來了。等於乾電池用完，放在地上吸收電力，又可以重新用它。佛法修持的道理，同物理的道理是一樣的，實際上你懂了那個道理，本身的氣就會體認到，因此用本身的氣，就可以達到祛病延年，返老還童，容易得很，可說是易如反掌，就是因見地不到，所以才認不清。

不過認得了氣也很不容易，氣認得了，要煉到「精滿不思淫，氣滿不思食，神滿不思睡」，最多三天以內就可以做到，打坐想入定多少天都可以辦到，身體要怎麼輕靈就怎麼輕靈。所以佛告訴他的公子去修這個方法，很快就成就了。

為什麼羅睺羅容易修這個方法？童真入道，修這個方法幾天以內就證果。女孩子在第一次月經來以前，知識還沒開以前，以及男孩在性知識都不懂以前，都叫童真。要證果，不管男女老幼，無論年紀多大，修持第一步，非修到童真不可。如何修到童真？心念無分別，生理色法轉了，整個六根不漏，那才轉成童真之身，立刻入道，絕對不假，佛法是不欺人的。

「了知獨覺道之道相智因，順決擇分有四，謂開闡色等勝義中，無名言中假有，不違法性，是為煖位。」

獨覺道同聲聞果又不同了，等於佛法的中乘道。「無名言中假有」，真空起妙有的作用，儘管執著有，並不違背空的法性。換言之，空了能夠起有的作用，才是獨覺道的煖位。

「頂位是由通達色等勝義無減等所顯。」

什麼是獨覺道的頂位？了解物質世界的色法，在第一義中沒有減少。比方抽一支煙，把煙抽完，用科學方法，把這些煙收集起來，可以再把它造成一支煙，一點分量都沒有少。所以進入空的境界，要它起妙有的作用也一樣不少。修成功的人，另外的生命再不要經過六道輪迴的投胎，自己意生身，意念一動，就可以造成另一個身體。

心法是了不起的，色法同樣的不可思議。佛法偏重於心法方面的開展，了了心，才能了色，了物質這一面。佛法不曾向物質這一面開展，其實心物兩個是一元的，物也是同樣的不可思議。道家是向色法這方面走，先把它破掉，破掉後再修成功，這是了身。後世密宗也走這個路子，科學現在正在研究階段，也是向這一條路走。

我們學佛的人，不要輕視了現在的科學，隨時要接觸它，要看現代科學資料。為什麼美國人老是放人造衛星或太空梭到太空？他們在探討宇宙的奧祕。不過有一點很可憐，他們也只是摸到生命的最後面，光向外找，找了半天，就算找出來了，但是那個發動找的又看不見。所以學佛法修道的人，是回轉來在自己這裡找，把「這個」找出來，「那個」就容易了，這就是要自己求證。

所以一個學佛修道的人非常自私，為什麼？因為隨時要照顧自己，隨時要把自己的問題解決，有一點沒有解決，而認為自己對了，那是自欺之談。生老病死一切都要解決，學佛是要解決這些基本的問題。什麼是學佛的人？一輩子來檢查自己，反省自己，隨時隨地都能做到的人，就是修行人。所謂自覺者，自己隨時找出自己的錯誤，解決自己的問題，就是這個道理。

獨覺道的忍位是什麼呢？「忍位由通達內空等故，了知色等勝義不可執。」獨覺乘的人，內在證到空的境界，因此對於物質世界不執著。這還是中乘道，不是菩薩道。換句話說，學佛的人說空，你說你的，物質世界還是照樣存在。你打坐可以一坐一萬年，地球還是在轉，獨覺乘是這樣，地球是四大，它還是沒有被你空掉。那麼色與心兩個是絕對分開了嗎？如果是，就不是如來境界，《楞嚴經》說：「若能轉物，則同如來」。心物是一元的，這個原理要抓住，真正的大成就，非做到心物一元不可，只偏向一面是不行的。

所以，緣覺的「世第一法，了知色等勝義無生等相」。曉得生而不生。這本經典到處都講色，色法地水火風。唯識分析色法有三種：極微色、極迥色、法處所攝色。法處就是意識境界，自我可以生出地水火風，包含物質變化出來的作用，這些我們都要知道。

「現證空性慧所攝持之大乘諦現觀，即是大乘見道之相，界限唯在大乘見道。」

「現證空性」即禪宗所講頓悟，「嘣」的一下，在教理就是「現證空性」。性空的境界一下呈現出來，這個時候智慧開悟，般若成就，現證空性所包含大乘道的所有現觀莊嚴，都出來了。所以淨土境界一下現前，立地成佛，這個在理論上就是大乘見道的境界。見道以後才好修道。等於看到米再做飯，見道等於看到米了，修道等於米下鍋了。至於大乘見道的這個界限，現在不講禪宗頓悟，只講工夫見地道理來說明，教下與宗下是不同的。比如淨土宗，你念一句南無阿彌陀佛就到家了，如果講教理，為什麼念南無阿彌陀佛，念它是什麼道理，南無阿彌陀佛又怎麼念法等等，這些是教理。所以宗和教有差別，但是通宗的人沒有不通教的，通教的並不一定通宗，因為沒有做工夫的原故。一定要做工夫求證，這裡所以說，「界限唯在大乘見道」，教理是這麼講。

「此說，大乘見道人身中，具大功德勝利之見道。」彌勒菩薩說，我這本《現觀莊嚴論》裡頭所說，這個身內的功德成就了，才能談到見道，見道還要靠這個肉身的。

「道相智所攝之見道中，有十六剎那。」剎那之間就見道了，這是彌勒菩薩給我們分別的。

「佛清淨為最清淨者，由於能治所治次第斷過門中，許大乘修道由能量之智與所量實空平等性故，是能盡清淨三界諸障之真對治故。」談到對治法門，學佛修道不是一個藥方就可治百病的，八萬四千法門都是對治法。當你修持時，忽然一下空了，空久了就昏沉，睡著了，這時就需要對治，就要不空，提起「有」來。「有」久了，就又散亂了。所以打坐做工夫要曉得對治法門。

有人問：有時候念佛、念咒子或做觀想，做得很好，怎麼後來不行了呢？

因為你覺得好，你心中想，這一下好啊！很定啊！事實上已經在散亂了。越搞越被散亂拉走，當然就不好了，又不曉得對治。修行人對各種方法，不論外道內道都要知道才行。在某一種境界，應該趕緊要修某一個法門，不能再搞原來那個方法，再搞就要出毛病。尤其我們的心理，多少的業障，很難把它調整過來，所以有八萬四千不同的對治方法。所謂「法門無量誓願學」，不是只限於一門，認為自己這個對，其他都不對，那就錯了。

現在彌勒菩薩告訴我們，一切清淨對治法的重要。唯有佛的清淨境界是總對治法。能對治的與所對治的，要恰如其分才行。比如我們散亂要修止，昏沉要修觀，落昏沉要煉氣，氣煉多了也會出毛病，所以要恰到好處。能治、所治各種法門都要學。

對治法門學了做什麼？「次第斷過」，把我們的習氣漸漸轉變過來。這次課程講見地、修證、行願，但行願沒有談，因為很難做到的。習氣過錯是不可能斷的，但心理行為及習氣不能斷，是做不到身內的功德成就，所以工夫不會進步。等到你身內功德成就了以後，身體方面自然是一秒秒、一天天在變化，向勝義方向轉變，這個道理是呆板的，這本經典已經交代得很清楚了。

可是這裡又告訴我們，習氣是次第慢慢斷的。比如剛才講，得了定，意念清淨時，別人的一點錯處都看不慣，是什麼道理？等於自己把鏡子擦得太亮了，太乾淨了，一點灰塵都不能落，落下來就看得清清楚楚，看了就討厭，就要擦掉，不能容納塵垢，起了瞋心。因此只喜歡清淨，不喜歡塵垢，這是功德不圓滿，也是過錯，趕快要斷，非斷不可。這些佛經上都講了，修持不是那麼簡單的。

所以「能治所治次第斷過」，這個法門當中，是大乘的修道，「由能量之智與所量實空平等性故」。大乘的修道境界，妄念空了，清淨本性出來了，是自性「能」清淨，只得「能」，而去妄念亡「所」不行。「能所雙亡」又還不行，要「能所雙融」。所以「能量之智與所量實空」，平等平等無分，這才叫大無分別心。這樣才能夠「盡清淨三界」一切障礙。這也就是一切障礙的真正對治，既不落空，又不著有。

這些都是講理論，如果懂了，曉得既不落空，又不著有，那麼平常所學的外道也好，那些著有的都可以修了，為什麼？因為對治的時候需要用，調心的時候要用。所以知識學多了以後是個大障礙，但是成道了以後，反而怕你懂得不夠多，你越懂得多，教人度人的方便越大。所以《大般若經》上講：「大般若如大火炬」，什麼東西都不怕丟進來，好的、壞的，越丟智慧光明越大。具大般若智慧的人，不怕你是外道，或染污什麼，你儘管來，來得越多，他的般若光芒放出越大。

第二個比方，大般若如孔雀鳥，所以密宗有個修法叫孔雀明王。為什麼如孔雀呢？孔雀專吃有毒的東西，蜈蚣、蠍子，越毒的東西對它越好。毒品吃多了以後，羽毛越漂亮，沒有毒品吃，它的營養就糟了。所以大菩薩能夠下地獄，能在六道中度眾生，吃了毒藥，羽毛更光彩，智慧更大，就是這個道理，所以說，一切法門皆是對治。

「此處之諍者，謂下下等九種修道，斷除上上等九種實執不應道理。」

古代的大祖師們已經發生爭論，說用外道的法門來修無上道法做不到，不可能。這裡的爭執是說：下下等九種修道，斷除上上等九種實執，沒有這個道理，不合邏輯。

「譬如羸劣士夫不能摧伏強力怨敵，於劣怨敵不須強力士夫」。比如身體衰弱的人，怎能摧伏強敵呢？

「如是下品修道不能斷除上品實執；斷下品實執不須上品修道故。」

下品修道方法的人，如果路走錯了，決不能成就上品佛道，而且斷下品習氣，深生染著，也不需要般若那麼高的修法。這些都是人的意見之爭，千古皆然。

「答云無過。譬如浣衣，洗除粗垢不待勤勞；洗除細垢，須大劬勞。如是能治所治亦應理故。」彌勒菩薩說，這個不是問題。等於我們洗衣服一樣，衣服太髒，就用力一點；不太髒的，輕洗一下就好了。下品修道的毛病大，做工夫要勤勞一點；工夫毛病淺一點，就少修一點，這並不是問題。

〈一切智品第四〉：

「非此岸彼岸，不住其中間，知三世平等，故名般若度。」大乘修道，般若成就，即禪宗所講的頓悟法門。

「現證無我慧所攝持，復是小乘現觀種類，即一切智相，界遍一切聖者皆有。觀待世俗事是破有邊，現觀種類大乘聖智，即智不住三有之道相智相。界從大乘見道乃至佛地。觀待世俗事是破寂滅邊，現觀種類大乘聖智，即悲不住寂滅之道相智相。界從大乘見道乃至佛地。」

現在講大乘，就是禪宗所謂立地頓悟。你天天求悟，悟了幹嘛！不悟多好，不悟這個世界很好玩，悟了以後世界如夢，那還有什麼好玩的。不好玩何必學呢？學佛修道有兩個目標：「智不住三有，悲不入涅槃。」是入世的，不是出世的。大乘佛菩薩的境界是，智不住世間，悲不入涅槃。簡單一句話，悲智雙運就是菩薩道，再換句話說，就是智悲雙修之道。到了智慧圓滿、福德圓滿，就是佛的果位，智悲雙運也就是這個道理。

修道的人，第一步工夫先證到「無我」。這個智慧境界所包含的，有小乘現觀種類，即小乘境界見到空一切智相，見到空的境界。這個範圍，凡是聖人「界遍一切聖者皆有」——凡是聖人都見到空的這一面。這句話講得多痛快，也最偉大。凡是聖人，不管儒家、道家，乃至其他宗教，一定見到空的一面，才能夠稱聖。

「觀待世俗事是破有邊，現觀種類大乘聖智」，看世俗很厭煩，要出世修道叫「觀待」。「待」是相對、對待的意思。

世俗的事情拿空來破它，是破有邊。「現觀種類大乘聖智，即智不住三有之道相智相」，理論上達到「智不住三有」，見地上見到空，如落在空的一邊也是小乘，更何況你那個空的境界還不究竟。見到空的人就是憨山大師所講：「荊棘林中下腳易，月明簾下轉身難。」大乘見到空的人，就是觀自在菩薩說的：「色即是空，空即是色，色不異空，空不異色。」色空不二，是「智不住三有之道智相」。這個界限從大乘見道乃至於佛的果位。悲不住涅槃的道理也是一樣。

「菩薩一切智道般若波羅密多，由慧故不住生死此岸，由悲故不住涅槃彼岸，於彼二岸中間亦勝義不住，以是雙破二邊，現證空性智所攝持之現觀故。」

證道的人，就是禪宗講悟道，悟個什麼？就是「般若波羅密多」。悟道了以後，智不住生死，悲不入涅槃，「涅槃生死等空花」。船子德誠接引夾山的話：「藏身處沒蹤跡，沒蹤跡處莫藏身。」就是智不住三有，悲不入涅槃。

中國禪宗真正證道、見道的那些人，不是只有一點清淨，或一點意念偏空的境界而已。所以我們應多注意臨濟、曹洞等創宗立教的修持與見地。石成金錄的《禪宗直指——大事因緣》，也要仔細看過。他所引證的例子都是非常好的，都是講實際修持，實際證到與經典相合的境界。那才算是開悟、證道，不是一點小因緣、小境界、小清淨、或一點小空，就認為自己是悟了。

「色蘊等空性，三世所繫法，施等菩提分，行想所治品。」

大家雖然在修持，但都還沒有把色法這一面搞清楚，如果四大所構成的物質世界破不了，要說成道，那是自欺之談。物質世界怎麼去空它？吃飯也是色法，這個吃飯的色法不裝下去不行，不然人就會斷氣的，有這樣嚴重。你怎麼去空它呢？色受想行識五蘊，為什麼色法擺在第一位？就因為這一蘊很難破，蘊者蘊藏在那裡，牢牢的，又譯成陰，看不見，翻譯得很有意思。

「色蘊等空性」，我們大家學佛，偶然把第六識一念清淨，叫它空一下也還容易，但是色法就是空不了，怎麼樣去空它？非修證不可。

「三世所繫法」，過去、現在、未來三世一切眾生，這個三世真把我們困住了。「色蘊」，物質的力量都把我們掛在那裡，不但是今生所繫法，連過去、未來都把我們吊著。說某人有神通，你只要問他一句，什麼是這世界上沒有的東西？保證他講不出來。因為人不管在夢中也好，神通也好，神經也好，他講得出來的，都是人想得出來的東西。那個想不出來的，就是沒有看過的。從各宗教的立場就可以看得出來，外國的神，外國的天堂，都是外國樣子；中國的神，是中國的樣子。每個地區文化思想不同，天堂都跟著變。從這方面來研究真是有趣，我們的玉皇大帝就是我們人格化的神，而且還可以指揮地下。還有城隍，同我們的行政組織一樣，西方的上帝是西方的人格化，天堂同西方的組織也是一樣的。最後歸結到書中的偈子：「色蘊等空性，三世所繫法。」

我們的思想和學問，都跳不出物理世界的範圍，那要怎麼跳出三界外呢？

「施等菩提分，行想所治品。」布施、持戒、忍辱、精進、禪定、般若六度的修法，三十七道品，七覺支等這些菩提分，都是行蘊、想蘊的對治法門。

不要說我們離不開思想，就算你離得了思想，那個行蘊，生命的功能，就更難講了。比如我們睡著時，思想可以不想，但我們的血液循環，只要我們活著，它都在流動，一切的生命細胞，也是在新陳代謝，這就是行蘊的功能。行蘊就是第七識與第八識之間的東西。所以大家有時候談空，你空掉了什麼？行蘊都空不了，即使你做到呼吸停止還不算數，連身體內也要達到氣住脈停。所以你修持能達到要心臟、脈搏停掉就停掉，要活動就活動，那你才對行蘊有把握。能對行蘊有把握，才可以勉強不跟著業力走，這才叫修行。

不做到這樣，免談工夫了。你說你丹田發燙，鼻子會冒白煙，那都是想蘊可以做得到的事，只要多練習就可以做得到，那是妄念問題，不是這個工夫。

第廿四講

內容提要

往生兜率天

第一義

四正斷

未生令不生的不善

菩薩道的加行

鈍根菩薩

四十六種魔

六度菩薩行

四種魔境

有位同學在筆記中提了一個非常好的問題，他說聽了課後，覺得學佛是一件非常非常困難的事。他因為多看佛經，知道了一個方法，他自己稱為「偷懶法」。怎麼偷懶呢？他也不想往生西方，路太遠了，也不想往生東方藥師如來世界，那也是不容易，乾脆上生兜率天，到彌勒菩薩的國土去。兜率天是欲界天的中心，一切準佛們，在下生成佛以前，即十地菩薩，等、妙二覺最後身，都是在兜率天為天主。兜率天還屬欲界，有飲食男女之欲，同人世間一樣，只是境界不同。

但兜率天有彌勒內院，彌勒內院裡是絕對清淨的，我們剛聽過的《瑜伽師地論》，就是彌勒菩薩在彌勒內院所講的經典，是無著菩薩以定力上升到那裡，夜裡聽課，白天再下來記錄，據說這部書是如此完成的。現代一般學者，尤其是歐美學者，都不相信這類事，認為這本書是無著菩薩的。這問題我們不去討論。

很多大菩薩們，都發願往生彌勒菩薩兜率天，等到下一劫開始時，再跟彌勒菩薩下生，到這個人世間度人。

這位同學看到了這本經論，不錯，是有這條捷路。往生西方淨土，念佛要念到一心不亂，生兜率天只要你信願堅定，只要你做善事，發願往生就行了。發願往生，跟隨彌勒菩薩，將來一塊再下生到這個世界，就像阿難和舍利弗跟著釋迦牟尼佛一樣。古代如無著菩薩，近代如太虛法師，還有幾年前在汐止肉身不壞的慈航法師，乃至過去大陸上的許多在家、出家人，都是發願往生兜率天，下生跟著彌勒菩薩聽課學道。

這個方法很對，而且這位同學能發現《大正藏》裡頭《佛說觀彌勒菩薩上生兜率天經》，可見他蠻用功的。禪宗祖師有兩句話：螞蝗叮上鷺鷥腳，你上天來我上天。等彌勒菩薩下來度人的時候，跟著他下來，作他的弟子，這個辦法很對。

現在繼續上次的《現觀莊嚴論略釋・一切智品第四》：

「於佛等境起微細實執繫縛，修禮拜等，雖是福德資糧之因，而能對治不信等，然是菩薩道之所治品，以是彼歧誤處故。」

這就是說我們修持的人，對於佛境界不能執著，起一點微細的執著，就會障道了。

拜佛很重要，尤其學密宗，第一個條件要先拜佛，先叩十萬個大頭再來。我當年學佛，說信就信，說拜就拜，地上什麼也不鋪，早晚必定叩一百個頭，規規矩矩，如孔子說「祭神如神在」。拜佛時，覺得佛就在前面一樣，如果說還發不起這個心，連拜佛都懷疑，這是你罪業深重傲慢。學佛的人不能不拜佛，「君子有三畏：畏大人，畏天命，畏聖賢之言。」人要找一個怕的，如果沒有一個東西在心中令你起恭敬心，就是敬心生不起來，心也當然不會專一。

尤其是學佛學道，自己檢查自己，如果恭敬心沒有發起，想上路是很難的。所以學大乘佛法，先要學〈普賢菩薩行願品〉，十大願一一要去做，敬「他」就是敬自己，這些理由很深。不過修到最後，要一切放下，佛的境界也不能執著。

「說勝義諦難通達者，以唯是究竟內智所證，遮遣見色等之名言量所能知故。又勝義諦說為不可思議，以名言量不能了知從色等，乃至佛不共法，是世俗法性，其究竟實性唯是聖根本智所見故。」

「勝義諦」就是第一義諦，也就是形而上的那個本體。這個道很難了解，不是言語表達得出來的，只能說「如人飲水，冷暖自知」。內在智慧脫離了物理世界，更在名辭學理的範圍以外，將這些都破除以後，才是第一義諦，所以禪宗不立文字，就是這個道理。

為什麼佛說不可思議？這一句話是對那個見道的本體而講，因為那個本身是無言語文字可以形容的，也不是從物質世界的知識可以了解的，這個是佛說的不共法，超過了一切事實的法性。如果你見到了這個本體實性，你就是聖人了，有成聖人的根本智。但對於凡夫來講，這個是不可思議的。形而下的東西則是可以思議的。

「謂諸有漏緣起，皆非實有，唯由執著習氣所變現故，譬如夢事。」

世間一切的事情，都是有漏的因緣和合，有漏之因的緣起法都是假的，如夢如幻，都是由於第八阿賴耶識的習氣所變現出來的。比如大家打坐，所有的境界，不管你感覺到空也好，光明也好，清淨也好，乃至千奇百怪的現象也好，都是阿賴耶識種子所生。所以《金剛經》說：「凡所有相，皆是虛妄，若見諸相非相，即見如來」。一切相都要空完，為什麼呢？因為任何一種現象，都是阿賴耶識執著的種子習氣所變，都是假象，不是真實。

許多人問打坐的各種現象，實際上是多餘的，若把教理研究通了，曉得這些都是過程，哪怕成了大阿羅漢，六種神通都發起了，也只是阿賴耶識習氣種子的發現而已，不是究竟，也不是道。這個道理要搞通。若搞通了，有許多境界過程，用不著懷疑，並且曉得下一步又要變化了，都會變去的。

上次有同學問，打坐一閉起眼睛來，前面有許多幻境，這些幻境哪裡來？是阿賴耶識的種子引發的。本來是眼神經疲勞所變化出來的，再配合下意識，就以為這個是鬼神，那個是魔。其實哪裡有魔！魔也是你自己造的，都是自己習氣所變化，這個道理要認清楚。

〈圓滿一切相現觀品第五之一〉：

「此中分三，隨順聲聞弟子所有一切智相，隨順菩薩所有道相智相，一切相智不共相。初者謂以慧觀察有漏身不淨，受是苦，心無常，法無我之別相，及觀察無常苦空無我皆真實空之共相，安住正念，即四念住，其自性謂緣身受心法四事，各修別共二相。念慧隨一之入道現觀，為入四諦之取捨而修也。不善已生令斷，未生令不生；善已生令增長，未生令生之四正斷。」

這段告訴我們修行初步，第一要觀空，觀無常、苦、空、無我。先從小乘的四諦上修，但是任何修行皆離不開四念住（見三十七道品）。

這裡最重要的地方在這一段最後：「不善已生令斷，未生令不生」。不善就是惡業，我們要仔細檢查自己，假如平常思想習氣裡有壞的念頭，必須自己能截得斷，這是修行的初步，這也就是行願。還沒有生起的壞念頭，要防止它生出來，這句話要注意，真是修行人，看到這句話都會發抖，為什麼？你覺得自己平常沒有壞心眼，那是因為它還沒有發出來。即使最善、最好的人，在好極了的時候，也會起很壞的壞心眼，自己都檢查不出來，這是非常非常嚴重的事情。看過去宋、明理學家的資料，在做善事的時候，同時也做了很大的壞事，自己做了都不知道。所以行善培養功德，要最高的般若智慧，不是那麼簡單。有時你覺得自己很嚴肅、很端正，實際上天天在做壞事。行願就有這樣難！任何人一點主觀的知識，一點點學問，自認為是對的，但以根本智一照，往往有最大的壞念。所以，「不善已生令斷，未生令不生」，是最難的。

「善已生令增長，未生令生。」我們以心理學的立場檢查自己，一天二十四小時當中，自己的心行中，有哪一個念頭是真正的善？假如是一個真正嚴格檢查自己心性的修行人，可以查查看，在一天之中，又有哪一個念頭是真正的至善？多數不過是糊里糊塗過日子而已。不要說行為中有善事，連至善的念頭都沒有起來過。你說，我在念佛啊！那是無心念，一邊念佛，一邊六根還到處亂動。即使你能念佛念到專一，那只能說是修持法門而已，並沒有真正生起善的福德資糧，有這樣嚴格。所以大家隨便講禪宗，其他什麼宗，一分功德沒有生起，你想進步一分，做不到的，不可能！如果心理上轉了一分，生起一分善境界，智慧就會跳進一步，這是很呆板的。所以一些老年朋友，用功用了這麼多年，都不上路，你不要光想以打坐修定求進步，善根沒有起來，善功德根本沒有培養過，如何進步呢？所以「善已生令增長」，自己檢查出來自己真有某一點善業，已經生根發芽了，要使它增長；至於還沒有生起的，「未生令生」。上面所說的這些是「四正斷」，三十七道品中稱四正勤，也就是我們必須努力去修持的行為。

這一段統統講三十七道品，來不及多講，自己要仔細研究。

「初聚立於資糧道，次四聚立於煖等四加行位，聖道支立為見道，菩提分立為修道。」

彌勒菩薩告訴我們，要修行，顯教所講三十七菩提道品缺一不可。這就是行門，自己要隨時嚴格地檢查自己，反省自己，這個具備了，才是學佛的基本。初步「聚立於資糧道」，你的修行本錢才算有了。如果自己的思想、行為，麻麻胡胡過去了，沒有配合自己真正的善行在做，資糧道就不夠。換句話說，你要修行，要證道，你的資本也就沒有！這與做生意一樣，沒本錢談什麼？再說，你修行離不開善行這個資糧道，立了資糧道以後，才談得到做工夫。打坐修證那是四加行，所以由打坐做四加行的修持，進一步就會悟道——「聖道支立為見道」，見性根本之道，所謂明心見性是見道，見道以後修道——「菩提分立為修道」，最後大澈大悟。這是彌勒菩薩告訴我們的一個程序。

修行的心行基本沒有建立，一來就想走高的路子，走上上道。認為自己已悟道，何必再要參禪打坐，這樣枉然浪費一輩子的人太多了。自己並不檢查自己，有沒有發起善心？資糧道有沒有充沛？

學大乘道要注意，這是講菩薩道的四加行道——煖、頂、忍、世第一法，同打坐工夫配合的。

《現觀莊嚴論略釋・卷三・圓滿一切相現觀品第五之二》：

「大乘加行道根本智，於所緣境破除實執，名於勝義不住色等。於能緣心破實執，名於色等勝義不加行而於真實義加行，色等實空之真如甚深，諸道之法性難測度，諸行相之法性無量。通達此五之加行是就加行自體而分。」

學大乘道的四加行，工夫與見地配合起來更難。彌勒菩薩怎麼說呢？大乘道的根本智——明心見性，見到空性是根本智。小乘的根本智偏空，中乘道的根本智偏空起一點幻有，大乘的根本智即空即有。所以《心經》上的四句話：「色即是空」——小乘羅漢法門，「空即是色」——緣覺法門，「色不異空，空不異色」——菩薩法門，所以修持做工夫的程度不同，所達的程序就不同。因時間來不及詳講，只能大概提一下。

現在要講大乘道的根本智。「於所緣境破除實執」，我們這個物質世界就是我們所緣的境界。乃至你打起坐來，觀想有菩薩出現，或光明出現，乃至身上三脈七輪通了，都是所緣境。要「破除實執」，不住色法的境界，離開物理的世界，乃至於心理的境界，要空掉一切。

這段中間一句要注意：「色等實空之真如甚深，諸道之法性難測度，諸行相之法性無量。」

色法就是地水火風，包括物理世界的一切。物理世界本來是空的，但它是即空即有。所以「色等實空之真如」本體，與心物一元這個本體的道理，是非常深的。你證到空性，悟了道，不一定能夠轉這個「物」啊！所以「心能轉物」，談起來容易，工夫真正證到，是很難的。所謂「諸道之法性難測度」，是說一切法的自性本體，是不可思議的，無法用思想來揣度的。

「諸行相之法性無量」，注意，一切菩薩行，心裡頭所起的慈悲喜捨的行相法性無量無邊，有各種法門。孔孟之道也是如此，都是叫你對人起恭敬心，所以對於任何人不要輕易下斷語。很多高深的菩薩化身，他有「祕密行」，外表看起來是這樣，他內心不是這樣，你搞不清楚，隨便下斷語，早就犯下口過，那個口過犯得很重啊！有時候招來地獄果報，你不要以為自己看清楚了，看清楚，談何容易！任何一點小過都是有因果的。

「通達此五之加行是就加行自體而分。」通達上面這五種加行，還是依加行做工夫本體來分別的。

「又資糧道鈍根菩薩智，於真空性多起驚恐。」有些人天天想打坐求空，工夫到了，真的空境界來時，反而害怕了，這就是鈍根菩薩，也是因位上的菩薩，還沒有證到果位。我們沒有真正修行經驗的人不知道，有人用功真正達到空的境界，真會害怕。武俠小說中所謂的走火入魔，就是鈍根菩薩。

「由是初業菩薩之加行故，須大劬勞，要經長時乃能成佛，名劬勞長久之加行。」

這一類鈍根的菩薩，只好不走頓悟的路子，一定要走漸修的路子，慢慢來，一下給他來個空，他會害怕，如果福德資糧又不夠，有時候就發瘋了。一發瘋了以後，馬上就走入阿修羅道、鬼道裡去了。將來諸位在座的菩薩接引人時，雖有本事使人證入空性，但都不能隨便做。接引人是很難的，你要觀察他的福德資糧，前生業報功德，想辦法使他妄念澄清一下就行了。如果很快讓他見空性，馬上出問題。等於窮小子不能一下使他發財，一有了錢，他的煩惱、痛苦就來了一樣。所以接引人要觀察根器。這種初級的菩薩，需要比較長時間的努力才能成就，這種菩薩的加行，就叫「劬勞長久之加行」。

「大乘加行道煖位，由於空性成就無畏，名得授記之加行。」

到了大菩薩的煖位，什麼氣脈、明點，這些都不必談了，因為這些只是達到煖位的初步而已，真到了煖位，這些已經不在話下了。菩薩道的煖位，已經超越了這些。這個時候，由於證到空性成就，得無畏智。所以這種地步的加行，就叫「授記之加行」。

「大乘加行道頂位，勝出於煖，聽聞受持般若等，故名不退轉加行。」

由於般若證空性，般若包括五個範圍，第一個「實相般若」，實相就是本體、真如、見道。第二個「境界般若」，般若有般若的境界，得了般若智的人，悟了道能夠通達一切境界。第三個「文字般若」，文字自然通達，高明了。第四個「眷屬般若」，真正大智慧成就的人，布施、持戒、忍辱、精進、禪定等善行都會起來。第五個「方便般若」，一切教化的方法都懂了，而且自利利他，都有他的方便，這就叫作般若。《心經》與《金剛經》的重點，是講實相般若，彌勒菩薩說的道相智及根本智，都包括在實相般若中。

大乘菩薩的頂位，超過了煖位，已經得般若成就，所以叫「不退轉加行」。

「大乘加行道忍位，由遠離二乘作意等障礙法，故名出離加行。」大乘道到了忍位，已經跳過了小乘聲聞緣覺境界，所以這個階段的加行，叫「出離加行」。

「大乘加行道世第一法，為見道正因常修法，故名無間加行。」大乘道的世第一法，為真正成佛的見道正因。常常修這個法，所以叫「無間加行」。不斷地努力，「苟日新、日日新、又日新」，超過了不退轉地。

「大乘見道，是大乘道無漏法所依，故名近大菩提加行。從二地至七地智，速能成辦法身果，故名速疾證大菩提加行。第八地智，是普於三種種性轉法輪之淨地智，故名利他加行。」

八地菩薩以前，所有的見地、修證，還只是自利。八地以後，才能包括利他之行，還沒有到成佛之果。如此等等，彌勒菩薩把修行的次序工夫，統統告訴我們了。自己要多作研究。

修定的時候，《楞嚴經》中談到五十種魔的境界。《現觀莊嚴論》中告訴我們，有四十六種魔境界。

「當知諸過失，有四十六種。

若於加行生住圓滿隨一留難之魔事，是加行過失相界。從未入道乃至七地，修加行之過失有四十六種魔事，依自違緣有二十種。」

修行有時會碰到障礙，這些障礙就叫魔境界。比如你打坐坐得好，突然家裡有事，或者感冒生病了，障礙多得很。不修行的時候，什麼事都沒有，越修行，事情越多。因為福德資糧不圓滿，所以障礙重重。在四十六種魔境界中，其中有二十種是「依自違緣」而來，要特別注意檢點。

所以佛法是要我們隨時檢查自己，隨時提高自己的警覺，差一點都不行。所謂正與邪，佛與魔，有時候連一線都不隔。彌勒菩薩在這裡，分析得清清楚楚。

這四十六種魔道的境界，主要是就見解而言，並不是像一般所講的有個魔，或有個鬼的那種魔的觀念。

「由於色等轉，盡疑惑無暇，自安住善法，亦令他安住。」

這一句偈子非常重要。學佛的人有一個重大的測驗，就是我們這個色身轉了多少，自己有數。如果色身的業力還在粗重的範圍，輕安沒有發起，縱然你的境界再好，見地再高，你的什麼無念清淨啦，見到空啦，都是假的，靠不住。而且大家的工夫多半是瞎貓撞到死老鼠，如隔日發寒熱病一樣。今天發寒，明天發熱；今天好一點，明天又掉了；過兩天又撿一點回來，忽然又不對了。像打擺子一樣，一陣冷一陣熱，都靠不住，因為色身的業力沒有轉。但是，由於色身轉化的原故，沒有了疑惑，這個時候，「安住善法」，才得自利利他，才足以為人師。

「於他行施等，深義無猶豫，身等修慈行，不共五蓋住。」

修行人要自我測驗，自利利他。一切善行，都由布施、持戒、忍辱、精進、禪定、般若等六度萬行做起。其實這當中，任何一點都很難做到，都不是那麼簡單的事。你有十塊錢，布施兩塊錢容易；你只有一塊錢，布施一塊半才難。佛經說：「富貴發心難，貧窮布施難。」不過真布施的人多半是窮人，因為世界上只有窮人比較同情窮人，自己不窮就不了解窮人的痛苦，所以真正的菩薩心腸，是在這種地方。

行、施等都是很難的，這些道理很深，不是一般隨便說說而已。見義就要勇為，毫不猶豫地做去，要修最慈悲的行為。學佛基本要學慈悲，可是沒有人真發起慈悲行。不要說行為，心理轉變都很難，這個功德不圓滿，空性不會見得透澈，這也是呆板的道理。

「不共五蓋住」，貪瞋癡慢疑為大五蓋（編按：另有不同說法），真修行的人，決不能與五蓋並存。你是佛，就不是魔；你是魔，就不是佛。兩者不能通融的。

「摧伏諸隨眠，具正念正知，衣等恆潔淨，身不生諸蟲。」

隨眠煩惱跟著你，纏著你，使你一天到晚昏昏沉沉，好像在睡眠中一樣。要把這一切心理煩惱摧伏，五十一位心所發出來的作用還很多，都要一一摧伏。

食、衣、住、行等日常生活，要注意衛生，像菩薩們，都打扮得很漂亮，除了頭陀以外，在家菩薩都是莊嚴其身。

「心無曲杜多，及無慳悋等，成就法性行，利他求地獄。」心裡無邪曲，要行頭陀行。並且要有利他之心，同地藏王菩薩一樣，犧牲自己，專門利益他人，敢向地獄去度眾生，地獄眾生不度完，寧可不成佛。要有這個精神才可以學佛。

「非他能牽引，魔開顯似道，了知彼是魔，諸佛歡喜行。」

《現觀莊嚴論》講四十六種魔境界。實際上魔對我們哪有辦法！魔絕對魔不了人，是我們自己把魔騙了來。我最近作了一首詩：

一燈丈室念初平　夢裡江山倍有情
八萬龍天齊問訊　大千世界步虛聲
欲堅道力憑魔力　自笑逃名翻近名
去住無由歸不得　舉頭朗月又三更

真想考驗自己的道力，要憑魔力。所以彌勒菩薩也說，「魔開顯似道」，真正的魔道很厲害，幾乎完全同佛法正道一模一樣，有時候假的往往比真的還真，所以往往魔道與佛道很難分別，這個要靠智慧。

「由此二十相，諸住煖頂忍，世第一法眾，不退大菩提。」

把這二十種不同的路子搞清楚了，你才可以開始打坐修行，才能做到安住於煖、頂、忍、世第一法裡。再進一步，四加行修成了，才能夠到達不退轉，大澈大悟的境界，證得大菩提。

下面這一節，仍在儘量的簡別魔境，魔智與道智的差別：

「此處之四魔體性，五蘊魔謂五取蘊。煩惱魔謂三界一切煩惱。死魔謂不自在而命斷。天魔謂障礙修善之他化自在天眾。」

魔境的性質有四種。

第一種自己本身的魔最厲害，就是我們生命帶來的「五蘊魔」——色受想行識。今天感冒，明天發燒，這裡痛，那裡癢，這就是色蘊魔隨時在障礙你。色蘊不轉，感覺上的不舒服，都是魔境界。這「五蘊魔」是「五取蘊」。

什麼是五取？就是十二因緣當中的取，是你在執著自己，我們有這個生命，把這個身體執著得很厲害，原因是由我見、身見來的，都是要自己活得長久，「五取蘊」就是魔。

第二個是「煩惱魔」，就是一切心理狀況，一切心理、思想都是魔。

第三個是最可怕的「死魔」，隨時威脅你，他要你的命，你就隨時會死。學佛的人能脫離了生老病死的有幾個？這是什麼道理？這裡頭是個大問題。要跳出生死，來去自如，自己絕對可以作主，除非有道有工夫的人才可以做到。比如洞山祖師，徒弟要他多留幾天，他就多留幾天。再如儒者羅近溪也是一樣，都有破除死魔的本事。所以說「死魔謂不自在而命斷」，你自己作不了主，它幾時來，那個功能就幾時到，你立刻就要走。當你能作得了主時，始知我命不由天。這不是吹牛的，要定力，要工夫才辦得到，自己這條命，才的確可以不由死魔所支配。

第四個是「天魔」，這是外來的，障礙你修善行，今天這個世界都是魔境界的世界。換句話說，被物質文明迷惑的，也是魔境界，這些都是他化自在天天魔的變化。

這些魔境，如果以禪宗的一句話來表達，更簡單明瞭：「起心動念是天魔，不起心動念是陰魔，倒起不起是煩惱魔」。任何一個念頭，自己作不了主，就是天魔。整天腦子昏昏沉沉的，則是陰魔。

「由彼等能障不死涅槃故名曰魔。」佛法所說的魔，就是一切能障礙你證得涅槃之道的境界。

「小乘證見道位，於三寶所獲得證信，即降伏粗分天魔。」

注意，修行打坐，做四加行工夫，只要證到小乘果的見道位——念空，念頭真正到達空的人，就是「於三寶所獲得證信」，的確見到真空了。以這小乘偏空之果，也能降伏了粗分的天魔，不一定要證到羅漢境界才降伏天魔。只要念頭一空、一定，證到這一點，就可以降伏天魔。

「得有餘依涅槃時，永斷一切煩惱，故降伏煩惱魔。」

達到有餘依涅槃時，身心皆空，完全清淨，雖然是有餘依涅槃，阿賴耶識根本也沒有斷，但是，已經可以降伏一切的煩惱魔。一切妄念不起作用，就是煩惱魔斷了。

「若證俱解脫阿羅漢，能加持壽行，得自在故降伏死魔。」

道家經常講長生不老，有沒有這回事？學佛的人一聽就斥為外道，亂批評！佛經上也告訴你有這回事。證到大阿羅漢果，壽命可以自己作主。比如佛經裡頭有句「留形住世」，佛吩咐四大弟子，迦葉尊者、羅睺羅尊者、賓頭盧尊者、君屠鉢歎尊者等，受佛授記留形住世，等待下一劫彌勒佛到來。

有一種方法可以請賓頭盧尊者來。從前在普陀山、九華山、峨嵋山的叢林下常會有這種事，有錢的施主們來打千僧齋，供養一千個和尚吃一餐素齋，再送每人一塊銀洋。和尚一聽打千僧齋，老遠都趕了來，吃一餐好的素齋，又可拿紅包。這時候，我們這位大師兄賓頭盧尊者會來，他來時沒人知道，不過他走後會告訴你，證明佛法是真的，只是過後才讓你知道。

你只要好好修行，證到了解脫阿羅漢果，能加持自己的壽命，可以得自在，你愛走就走，不走就留下，降伏了死魔。這個魔最難降伏，真不容易，要得到阿羅漢果才行。

所以大家問我：怎麼樣叫報身成就？做到能降伏死魔，當然報身就成就了，做到這樣才能祛病延年，任何疾病都能去得了。

「證得無餘依涅槃時，盡滅惑業所感有漏取蘊，降伏粗分五蘊魔。」達到「無餘依涅槃」的時候，粗分的五蘊魔降伏了。

方才我們介紹的是小乘的修證次第，現在讓我們看看大乘的情況。

「大乘證得不退轉相，於三寶所獲得證信，即降伏粗分天魔。」達到不退轉地，就是得到真空生妙有不退轉智時，那些粗分的天魔境界，可以降伏了。

「得八地，已於無分別智得自在故，降餘粗分三魔。」一直修到了八地，得到了無分別智，才能降伏粗分的另外三種魔境。

「微細四魔者，謂依無明習氣地及無漏業所起之意生身，即微細蘊魔。」到了大乘境界，除了降伏那些粗分的四種魔境之外，還要注意檢查、降伏那些細微的魔境。

什麼是微細的魔境呢？無始以來，我們思想生命的無明習氣的根，得了道以後，配合生起了意生身，可以出陽神、出陰神。如果這些陰神、陽神不是大澈大悟後生起的，而只是夾帶了一種欲望，由一種希求心而生的，這個意生身，就是微細的蘊魔。

大乘菩薩道的魔境，微細得讓你分辨不出來。當然大家修持還不到這個境界，不懂得真正的意生身，那是菩提道的成果，法報化三身成就。重點在：「依無明習氣地及無漏業所起之意生身」，這個意生身就是微細的五蘊魔，換句話說，也是由我見我執來的。人捨不得自己，空了不幹，總要抓住一個幻化之身。

「無明習氣地，即微細煩惱魔。」

人的根本無明，連自己都不知道，只要最後一品無明習氣還在，就有「微細煩惱」。隨便講頓悟，什麼見山不是山，見水不是水，如果拿教理來講，這正是無明習氣的煩惱魔。注意，所以說「通宗不通教，開口便亂道」，見山不是山，見水不是水，別說你做不到，即使你做到了，你還見不見？說不見，你在昏沉中——煩惱魔；說見，你早有一個見了；你說我兩樣都不是，那你是什麼？向上一路請你道來，道不來，按下水去，這是船子德誠禪師的教育法。

所以古代的大禪師們，通宗的，一定是通教理，自己對自己檢查得非常深入。既然你通宗，悟了，悟了你就懂，佛境界無所不知，你還有不知的，那就不算悟。儒家都講了，「一事不知，儒者之恥」，何況出世法學佛呢！

「不可思議變化生死，即微細死魔。」

剛才講大阿羅漢才能了脫生死，破了死魔。什麼是死魔？即使你活上五百年或一千年，還沒有破了死魔，還在變易生死中，只是把分段生死拉長，仍要受變易生死所左右，屬於「微細死魔」之中。

「微細」兩字要注意，你自己都不知道，檢查不出來，假定這個檢查得出來，你的般若智慧就成功了。佛者覺也，能夠自覺覺他，覺行圓滿才是。自覺很不容易，自己的心理煩惱等等，起了一點點都要能夠知道。

「欲超彼三魔凡能作障之法，即微細天魔。」

在修行的過程裡，凡是使我們不能跳出前面這三種魔——五蘊魔、煩惱魔、死魔的所有障礙，就是「微細天魔」。比方說時代的變化障礙了你，不能修了，這些就屬於天魔引起的。乃至自己造作出的環境，障礙了自己修道，也是天魔的關係。這些境況，無形中把你拉到另外一面去。

「降伏微細四魔，是法身功德。故降伏微細四魔與成佛同時也。」

這裡要特別注意，降伏自己內在非常微細的四種魔，是靠法身的功德，在成佛的同時，才能澈底降伏微細四魔。說到這裡，我要問大家一句，禪宗的破三關、大澈大悟又是什麼情形呢？對這些經典沒有研究，不要隨便講悟，真正的悟與這裡所講的情形是相同的。

《現觀莊嚴論略釋・卷四・頂現觀品第六之二》：

「是對治修所斷種子之能治種類大乘隨現觀，即修道頂加行相，界唯在修道。此說修道菩薩，由加行與根本二門入超越等持，謂俱滅盡定等次第定。」

大乘修定的方法：「先修往上順行與下還逆行二相之獅奮迅三摩地

為加行。」順行，由凡夫而到達聲聞、緣覺。由人道而修天道，天道而修聲聞道，由修聲聞道而修緣覺道、菩薩道，節節向上。

什麼叫獅子奮迅三昧？獅子要吃動物時，兩腿一蹦，出了最大的力量，最快速的動作，形容成道頓悟。獅子奮迅三昧，是大乘頓悟的路子。

「次乃進修超越等持之根本故。」頓悟了，見道以後才開始修道，修道是超越等持定慧的力量。

「其修根本時，先從初靜慮直往滅盡定。」修根本的時候，先從初禪開始，連貫的四禪八定都不能缺少，都要修到，直至滅盡定。

「全無超越修一返」，在這當中，修大乘道的，由初禪到四禪八定，最後修滅盡定。理是頓悟，工夫是漸修的，一步一步不超越等持，老老實實，規規矩矩的走。說自己悟了，結果工夫沒有到，你騙誰？欺天乎！

「次於八定間雜滅盡定而修一返。謂從滅定起入初靜慮，從初靜慮起仍入滅定。」

其次，修成功以後的人，見道以後修道，工夫也到了四禪八定，九次第定的工夫隨便你玩耍，或者兩腿一盤，馬上進入滅盡定，等一下境界又進入初禪去了。下面就告訴我們隨便玩耍。

《楞伽經》也說，大乘菩薩悟道以後修道，到家了以後，十地菩薩有時也到初地菩薩境界隨便玩玩。因此我們可以了解一件事，經典上講，佛入定無所不知，三千大千世界，一切時，一切色，一切音聲，如掌中觀菴摩羅果，看得很清楚，佛都知道。但是有一回，佛在恆河邊打坐，一大隊馬車經過，聲音吵得弟子們都坐不住了，結果他老人家還在那裡打坐入定，等他出定的時候，張開眼睛一看，咦？怎麼旁邊路上都是泥巴、馬蹄印？佛是不是入昏沉定去了？當人入初禪定的時候，螞蟻叫都聽得見，怎麼佛聽不見呢？這個道理說明了什麼？在佛就不是昏沉，不是無明；在凡夫絕對是昏沉，絕對是無明。悟了道的人，由初禪到九次第定隨便挑，一切得自在；沒有見道，沒有修道成就的時候，縱然入定，但是自己不能作主，都叫作打妄想、造業。

第廿五講

內容提要

李長者的《合論》
妄念和情
性與情
濟顛和林酒仙
色蘊
受蘊
想蘊
行蘊

這次關於顯密圓通的課程，到上一次為止，我們仍在找資料，檢查資料，尚未檢查完全，幾乎每部分資料都很重要。因時間不夠，沒法詳細的講，當然主要的是三個綱要：見地、修證與行願。

見地介紹了一點點，修證功用也介紹了一部分，行願根本還沒有談，現在暫時把行願擺著。

大家如果能把這些參考書作一番研究，則這一生用來修持做工夫都夠了，也可以說成佛有餘。再不然縮小範圍，只看這一次發的講義資料，雖然零星片斷，但也夠用了。

首先我們提出來，見地方面是非常重要的。

世界上的人學佛也好，學道也好，不管顯教、密教，乃至瑜珈術等等各種各樣，不下千百萬億之多。不過，目的是共同的，都想求個人的超越現實，跳出這個現實的世界，找一個形而上，超出物質世界的歸屬及成就。因此而產生了許多的方法，許多的理論。不管這些方法，這些理論，到底哪個高？哪個低？哪個正？哪個邪？我們必須先了解一個原則，那就是這些方法，這些修證工夫，最重要的是在見地，見地就是智慧的成就。

拿現代的文化來講，學科學的人，就是先要把學術與理論搞清楚，學術與理論一偏差，下面的研究就差了。

見地是中國的佛學觀念，尤其是禪宗提出來一個具體名稱「具見」，就是具備見解。一個人具見要高，不只學佛修道，世法也是一樣。我們做事業首先要有遠大的眼光和見解，見解不高，什麼都低了。從修證工夫著手是不會高的，見地很重要。

在儒家中國傳統文化，見地叫作「器識」，士君子重器識，沒有器識就是沒有見地，不論你怎麼努力，如果沒有見地，成就都不會高，學佛更是如此。

世界上的人都很滑稽，大家都想學一種方法，求一種超現實的成就，而結果呢？如仔細研究我們人類的心理，發覺人們都不肯去參研見地。換句話說，喜歡東拜個老師，西拜個老師；喜歡求祕訣，求工夫，好像得了一個祕訣，馬上就可以跳出去了似的。沒有這回事的，絕對不可能。尤其是學佛，是學大般若、大智慧的成就，並不是學技術。做工夫百千萬種花樣，就算有一點效果，可也不能超越。事實上，很多人學這一套，卻是反其道而求。這時我們在快要作結論以前，提出來關於見地的重要。

關於見地方面，可參考所發的講義——《華嚴經合論》。為什麼講《華嚴經》採用李長者的《合論》？以華嚴宗來講，有關它本宗的見地、修證、行願共有四個著作：《華嚴經》，唐代清涼國師《華嚴疏鈔》，以及後世佛國禪師《華嚴經》五十三參讚辭——《文殊指南圖讚》，加上《華嚴經合論》，這是華嚴宗四部最偉大的著作。

李長者，法名李通玄，本名不知，可能是晚唐時代某一位皇帝的世子，把本名去掉不講。他在極富貴的家庭裡，受極高的教育，然後決心去修道。到了深山，有一隻老虎出來，要是我們早就嚇死了，他卻不怕，對老虎說：你來接我是不是？如果是，就趴下來給我騎。老虎果真乖乖地趴下來讓他騎上去，然後把他揹到深山一個洞裡，他就在這個洞裡住了下來寫《合論》。到了晚上，天女送食，給他點上燈，他晝夜就寫這部書。他把書寫好之後，天女的任務也完了，也不來了，他也下山去了，這就是《華嚴經合論》的來源。

此後，各宗各派各種見地上的理論，都引用了《合論》的話。除了以《華嚴經》為主外，他也介紹了《大般若經》《法華經》《維摩經》《楞伽經》《涅槃經》以及小乘的戒律等等，每一本經的要點，他都整個作了一個批判。過去的中國佛學名辭叫「分科判教」，他對佛學整個系統，作了一個批判。

這種批判，在李長者之前，有天台宗智者大師的分科判教，以及唐代澄觀國師的分科判教。所謂分科，就是作科學化的整理，把佛法加以歸類。判教就是加以客觀的選擇與評論。現在日本很多學者所講的佛學觀點，內行人一看就知道，他們不過是將天台、華嚴宗的分科判教，加以現代化，並加一點考證而已，這就是現在所謂的學者。

佛法到了中國，發展到了晚唐，有李長者這樣偉大的人物，他們對佛依然非常恭敬，但是做學問又非常客觀，批判就是批判，歸類就是歸類，毫不客氣。

《合論》中有一句話：「無邊剎境，自他不隔於毫端，十世古今，始終不移（離）於當念。」這是李長者的名言。他說證道的人，沒有空間的阻礙。「剎」就是剎土，西方極樂世界是阿彌陀佛的剎土，我們這個娑婆世界是釋迦牟尼佛的剎土，東方琉璃世界是藥師如來的剎土。「剎」有時是代表佛的境界，有時代表國土。「自」，是我們自己；「他」，是藥師如來、阿彌陀佛、十方三世諸佛等，都是「他」。有沒有另外一個佛世界的存在呢？有，還是在你自己這裡，自他不隔，無礙。也就是說：根據佛學，他提出了一個觀念，空間是相對的，但空間是沒有阻礙，沒有方位，無大小，無來去的。這些道理都是見地。

肇法師講過一句話：「今至越者，猶昔至也。」就是講時空的沒有阻礙。但是，我們打坐學佛修道，對於時間、空間觀念，並沒有搞清楚。為什麼我們打坐沒有進步，就是執著在時、空的觀念裡，有人執著在子午卯酉時辰，有人打坐一定要對著東方。聽說有人在美國教學生，早晨起來爬到樹上，對著東方太陽打坐，這都是見地不通。還有人坐著時，認為沒有面對著佛像打坐不對。這些觀念的執著，都要拿掉，須知：「無邊剎境，自他不隔於毫端」。

時間也是相對的，沒有絕對的，「十世古今，始終不離於當念」，沒有過去、現在、未來。所以每一本佛經都是這樣寫，一時，佛在哪裡、哪裡……這有兩種道理，一是印度人的習慣，不喜歡有數字及時間觀念。印度一講起數字，就是八萬四千，所以，佛經上的八萬四千特別多，是形容數目的多，這是拿學理來看佛學。

以修道來看佛經，最高明的就是「一時」，萬古只有一時，十世古今始終不離於當念，億萬年以前也就是現在，未來的億萬年後也就是現在，就只有這一個，沒有第二個，這個「一時」用得妙極了。

所以時間與空間的觀念不丟開，不要談修道，時間與空間觀念搞不清楚，也不要談修道。

我們學佛先要把幾十年積累下來的時、空意識觀念，完全丟開，恢復到嬰兒那個狀態，可是，做不做得到啊？

很簡單！我們看佛經裡說的無念、無想、不起分別等種種理論，拿老子來講，一句話，「專氣致柔，能嬰兒乎！」我們打坐做工夫，也就是要做到這樣。

這些關於人的來源及人生的現象，有許多許多的問題，我們怎麼去解決呢？佛告訴我們，我們現有的生命，是我們原始生命的第三重投影。我們原始的真生命，哲學性的稱呼叫作真如；邏輯性、科學性的稱呼叫作第一義諦、勝義諦；宗教性的稱呼叫作如來、佛；拿教育性師道來稱呼叫作世尊。我們中國後來翻譯為本性，這個東西本來是清淨圓明的，本來是不生不滅的，本來是無煩惱，無成住壞空，無生老病死的。但它真沒有，完全沒有嗎？不是的，它能生起一切的萬有。所謂沒有是原本清淨，所以說它沒有。它能夠起萬有，它是有的。

《楞嚴經》第四卷裡，佛的弟子富樓那尊者問佛：既然我們生命的自性本來清淨，為什麼要起第一念無明呢？為什麼要生出這個世界來呢？

其實這個世界生得非常不妙，因為創造了這個世界，這些人一天到晚你爭我奪，你罵我打，你恨我，我恨你等等，鬧得一塌糊塗。《楞嚴經》第四卷的要點，就是談這個。佛的答覆有一句話與見地、行願都有關係，他說「覺明爲咎」。這一句話很值得注意，我們學佛求悟道求覺，悟道那一悟就是一覺，但是那一覺悟也是大毛病。

我們打坐不是在求空嗎？根據《楞嚴經》這一句話，你要注意，如果你達到清淨，則清淨為病。你說：我打坐，本來很清淨，後來怎麼不清淨、不空了呢？因為空所以不空嘛！道理很簡單，也是這麼深奧。所有的經典，你把它研究透了，看一看，原始的這個生命，怎麼變成現在這個世界？怎麼變成這個人生呢？「覺明為咎」，只有這句話，答得最明白。

所以舉凡世上一切宗教，一切哲學，對於人生的看法，都犯了一個最大的毛病，對人生都是悲觀的看法。看這個世界是缺陷的、不圓滿的，佛教也是如此。只有兩部經例外，一部是《華嚴經》，它看這個世界，永遠是至真至善至美的，沒有缺陷，沒有悲哀的。其次是《涅槃經》，認為這個世界沒有缺陷，沒有悲哀，是常樂我淨，永恆的存在。

我們把這些經教的道理先搞清楚了，慢慢再說到結論上去，再談修證的工夫。今天我們打坐，心性的修養，只要能做到如嬰兒的狀態，一定成功。不要說嬰兒，五、六歲的小孩也可愛，愛哭就哭，要鬧就鬧，他一邊在哭，逗他笑時，馬上就笑了，然後又哭，他是天真的。我們做不到，我們有很多虛假，明明是恨你，還要敷衍你，皮笑肉不笑，多麼罪惡啊！這就同行願有關了。佛經說：「直心是道場」。我們做不到直，有多少假！每分每秒都假，連內心念頭都假，都在造惡業，所以行願談何容易啊！行願做不到的。行願做到了，可以立地成佛。

其次，你看嬰兒沒有知識，沒有分別心，那個狀態就是意識的根本作用。比如我們求空的這一個妄念，也正是意識的根。所以我們打坐用功除妄念，都是用功錯了，知道嗎？拚命在那裡想把思想壓下去，把它空了，想把它停掉，叫作去妄念，完全錯了。所以用功用了幾十年都白用了，那個真正妄念的根還在。縱然我們坐在那裡，而且曉得自己工夫做得很好，很清淨，那個正是妄念。那個接近於嬰兒境界，可是那還是妄念。

在中國文化裡，那個東西叫「情」。孔子在《禮記》上分類為性與情，在《禮記》的第一篇，開頭就是關於修道：「毋不敬，儼若思。」這是中國文化，定慧都在內，宗教也在內，人生隨時嚴謹、恭敬以行，做到不昏沉、不散亂的修養。這個「思」並非思想的思，而等於佛法說的：既不散亂，又不昏沉，清清明明在那裡，這正是禮之本也。

所以「東方有聖人，西方有聖人，此心同，此理同。」不過這些都是在上古時代傳下來的，同一個來源。「性」，人的本性，不談先天後天之別，善惡之別。比如有人天生愛說話，有人半句話都不說，這個性是怎麼帶來的？中國文化告訴我們，是「天命之謂性」帶來的。第二個，「情」，這裡有一個問題：《中庸》為何只提喜怒哀樂四樣？本來是七情六欲，為什麼只提四情呢？而且還說：「喜怒哀樂之未發謂之中，發而皆中節謂之和。」又說：「致中和，天地位焉，萬物育焉。」為什麼只講四樣呢？喜怒哀樂是情不是性，情也是阿賴耶識種子帶來的，有些人天性是喜的，有些人天性是怒的，有些人天性則是哀的或樂的。

情是根據什麼來的？它與心理、四大、五行——心肝脾肺腎等生理稟賦，都有關係。大家打坐沒有弄清楚，以為把第六意識思想空了就是，那是不相干的，那還不算妄念，那只是妄念上面的浮念。那個容易去，念頭把它空了很容易。你覺得我還坐在這裡，眼睛閉著，裡頭清清淨淨的，就正是《楞嚴經》上所說的：「內守幽閒，猶為法塵分別影事。」大家打坐做工夫，哪個不在內守幽閒？不然就是宋朝大慧杲禪師所講，後世曹洞宗參禪的毛病：默照邪禪。哪個學佛學道做工夫不是在這裡頭搞？我們這些情都沒有去掉，還是充滿了喜怒哀樂。佛說情這個東西，就是業力的一種，業根。後來理學家講氣質，你的氣質不變化，怎麼成道呢？所以一定先要把這些認識清楚，大家應該先檢查出來，盤起腿來在那裡幹什麼？多數只是心理狀況的自我玩弄而已，與修道毫不相干，多少人在其中玩了幾十年。所以我們自己不能不檢討，以為自己正在作好人、做好事、修德性，實際上都是在性情中玩弄自己而已。

那麼我們該怎麼辦呢？第一步就要認得什麼是妄念。《楞嚴經．卷四》裡頭的那句話：「覺明為咎」，就是妄念。一個妄念就包括了五蘊、八識、八十八結使。所以大家千萬不要以為盤起腿來，自己偶然把思想排除，清淨了一下，好像沒有浮面的思想，以為這個叫作無妄念，那是大錯而特錯。你那個浮面的思想排除開了，覺得自己坐在那裡，好像很清淨，那個正是大妄念的根本。所以如果這個沒有空掉的話，什麼都不要談。如果把這一念打空了，身心打破了以後，那就可以證到真如，所謂明心見性，立刻到達，頓悟就是悟那一個。這點要注意。

我們再看修法，在《禪宗直指》一書中，宋元時期的高峰妙禪師，就是後世修禪的一個真正榜樣。但我們可以很坦白地說，高峰妙禪師把自我已經訓練到，意念解開，達到一種意識境界超越現實的狀況。可是有一個事實擺在那裡，他的身體仍然很不好。要知道，色法也是心法的一部分，應該使它轉過來才對，為什麼不能轉？這是一個很大的問題。如果說色法轉不過來，則《華嚴經》所講的，「應觀法界性，一切唯心造」的佛教基本定律，是否被推翻了？假定這個理論是對的，那麼應該能夠去掉生老病死，應該能夠轉得了五蘊四大。理論和事實是不應該矛盾的，這點要特別注意。我們現代人對修行觀念要搞清楚，其實，佛經已經講得很清楚了。

禪宗的修法，走高峰妙禪師路子的人很多，除了少數的高僧，如濟顛和尚等外。

宋朝幾個禪宗大德，悟了以後都同濟顛一樣，裝瘋裝癲的。比如林酒仙，悟道以後專門喝酒，他的歌都是喝醉了亂唱的，同濟顛一樣，都是說得很明白、很清楚。

宋朝以後，為什麼這班人悟道後，都變成這個樣子呢？這其中有個道理。佛教由唐朝四百年，到宋代理學以來，五六百年間，整個中國文化界，人人都是嚴肅的面孔，儒家孔子之徒也好，道家也好，佛家也好，所有的細胞都僵化了，尤其是笑的細胞，最為僵化。《包公傳》上說，包公從來沒有笑過，清官，嚴肅嘛！親戚朋友都不來往，這樣的人生有什麼味道！可是像包青天的面孔多得是，在宗教圈子裡更是如此，這些悟了道的高僧們，裝瘋裝癲，故意把你搞得一塌糊塗。如果修道修成一副死面孔，還修什麼道？那種的道貌岸然，是一副癌症的面孔。

道不是這樣的，天機是活潑潑的，瞭解了這個以後，你守著空的這麼一個境界，最後搞成了道貌岸然，正如禪宗講的枯木禪。枯木不能開花，決不能在靈山會上花開見佛。你看，釋迦牟尼佛那個境界多輕鬆，他沒有道貌岸然的面孔。這個觀念先認識清楚了，再研究佛經的五蘊論。

再其次，我們講五蘊都是妄念，我們現在來看五蘊和見地。見地就是工夫；五蘊是色受想行識。

色包括了四大——地水火風，不只是包括身體全部，也包括了物理世界。比如我們揉揉眼睛，就可以看到眼前有亮光，如閃電一樣，這是眼神經受摩擦發光所致，是反映出來的現象，佛經叫眼睛的空花。如果認為這個電光是道，不是「神經」是什麼！那個光是神經起的變化，怎麼會不懂，那麼笨呢！耳朵聽到聲音，鼻子聞到香味，也是一樣的道理，這些都屬於色蘊。

《心經》上說：「色即是空，空即是色」，請問你怎麼沒有空？打起坐來腿子還麻得很，色法還是沒有空嘛！為什麼發麻呢？身體內部有濕氣，氣脈走不通。為什麼頭發脹？裡頭有病就有反應，有反應怎麼空呢！「色即是空，空即是色」，你說：我心裡不去管它。那又何必修道呢？睡覺的時候也是沒有感覺，那不是「色即是空，空即是色」了嗎？這是不能自欺的。

密宗的氣脈之說，道家的奇經八脈之說等等，都是由禪定的工夫，根據實際的經驗說出來的。古人不過把這些經驗記錄下來，後世人學到這些，就拿雞毛當令箭了，什麼大周天、小周天啦！把傳這些法當成傳道，那就完全搞錯了。其實不管什麼氣脈，什麼周天，修了半天都是加行裡頭的工夫。加工的目的就是先能夠達到色法空，真把氣脈打通了，色身才能夠空，這是「色即是空」階段，可是還沒有做到「空即是色」。

先把生理這一部分都打開了，才能「色即是空」。再轉過來達到「空即是色」，這是真空起妙有的作用，神通智慧都來了。等於說「色即是空」是把一座山，或一幢建築物打散了，銷毀了，變成了平地。「空即是色」就是在這個平地上，重新建立起堅固的建築物，這是佛法的真空起妙有，做到了才能夠認識妄念是什麼。這是第一點。

第二點，「色即是空，空即是色，色不異空，空不異色」，這四句話包括大乘、小乘做工夫的幾個階段在內。這還不算，接下去說，「受想行識亦復如是」，八個字簡簡單單帶過去了。

「色即是空」，大家沒有做到，「色不異空，空不異色」，更難了。大乘的境界，見地、修證、行願都要到，色法不異於空，色與空沒有兩樣，不二法門。

「色不異空」，色法就是空。我們在文字上想想看，「色不異空」同「色即是空」有什麼兩樣？在邏輯上大有差別，這就是中國文字之難。

「空不異色」，真正到空的人，當然一定做到了。如李長者所說的，「無邊剎境，自他不隔於毫端」，佛經上說的三明六通，諸佛神通也一定做得到，並不困難。空與色本來是一體，作用也是一個。等於說我們房子裡電源的插座，可以插電燈，也可以插錄音機、電扇。因為都是電，本來是一體。

色還沒講完，暫時擺著。

現在第二個講到「受」，就是感覺，這個感覺多半是生理的反應，比如冷、熱、呼、吸、飽、餓等。除生理反應外，還有情緒上的感覺，這個情緒上的受，就屬於中國文化性情的情，色法反倒是屬於性情的性。為什麼色法反屬於性？這個是大問題，不是那麼簡單。

好了，我們學密宗、學淨土，不管學什麼都一樣，大家打起坐來，搞了半天都在那裡玩弄感覺。每個人問老師的問題，都是這裡痛，那裡痛的，一百個人有五十雙，都是問這些無聊的問題，問得連當老師的都不想活了，一天到晚跟一群瘋子在一起，不瘋也半死了。實際上，我們佛經都沒有搞清楚，都在玩弄感覺。你把《心經》多念一念——「受即是空，空即是受」。你覺得腿麻，感覺來了，你怎麼空不掉呢？你既然空不掉，你還空個什麼啊？有本事你把這「受」空了。

所以要注意，你們轉這個，轉那個，老實講，你那個第六意識妄念，已經困在那裡轉圈子了。你想一個人轉河車、轉氣脈、三脈七輪等，越轉得好，那個輪迴越嚴重。

不要說輪迴，你打坐坐在那裡，你的思想、感情統統困在那裡轉，什麼事也不去做，看看外面的人多忙碌，你卻一天到晚在那裡打坐偷閒，玩弄精神轉河車，所以，百無一用是修道者。

「受即是空」，為什麼不在這個地方求解脫呢？學佛為求解脫，結果我們就是解脫不了，都在感受的境界上搞。

第三個，「想」蘊。這個想更好辦了，每人都說：我打坐什麼都好，就是妄想不斷。「想即是空，空即是想」，想既是空的，何必去空它！它本來空，不是我們去空它的。換句話說，是它來空我們的。這個「它」是什麼？本心，自他不二之他。是它來空你的，我們的妄念根本不能存在嘛！每個念頭，每個思想都這麼過去了，所以，「想即是空，空即是想」，但是我們做不到「想即是空」，做到了就得定，得果位了。

至於「想不異空，空不異想」，那真是真工夫，能夠做到這樣，就是李長者講的「自他不二」。

第四個，「行」陰，這更嚴重了。這個行就是生命的運動，就是生命本有的運動功能。懂得了行陰，才懂得什麼叫明心，什麼叫妄念，當然，見性還談不上。

所以我們打坐坐得好，也沒有妄想，怎麼它又來了呢？——行陰來的。它不聽你的，如果行陰不能空，你想空妄念，休想！

行陰空了以後，上面的色、受、想才有辦法空。注意！自己去參參行陰，這是很重要的。至於行陰怎麼空，且聽下回分解。

第廿六講

內容提要

困在感覺境界
變成習慣的思
再說行陰
心不相應行法
說識陰
融通妄想與顛倒妄想
心行五陰解脫
打坐的前三秒

這次講如何證得果位，這個果位包括小乘與大乘。見地最重要，所謂真正的見地，並不是普通所講的見解，而是見到了「道諦」，也稱「真諦」。真見到了道諦的話，後面的修證、行願就會成功。這是禪宗所提倡的頓悟，不是學術，更不是普通的見解。

我們因為沒有辦法見道，才產生許多修證，就是漸修的方法。比如釋迦牟尼佛十二年的修行，最後睹明星而悟道，這個也是「見」。見的方面最重要，也就是般若同唯識的道理。見就是理，這個「理」包括了一切事，一切修證工夫。

上次引用到《心經》：「色即是空，空即是色，色不異空，空不異色。」這個道理也包括了修證工夫。上次是以做工夫來配合見地講，現在來研究，「受即是空，空即是受，受不異空，空不異受。」受就是感覺方面，我們對生理、心理的感覺。

許多人做工夫，老實說，不管學道家、學密宗、學顯教的，多半在受陰境界裡頭打轉，所有的人都被這個所困。所以，執著在做工夫方面的人，越來越驕慢。因為工夫是累積來的，有一點工夫的確感受就不同，工夫越來越特別，驕慢心自然越大。工夫不是偶然到的，而是時間的累積所形成，因此是「有所得」，並不是無所得。佛法的究竟是無為法，大家變成以有所得之心，求無所得之果，結果當然都是背道而馳。

由此可以瞭解，一般人學佛學道有工夫有見地，那個見地也是在受陰裡頭打轉。尤其搞有為法的工夫，什麼氣脈，什麼境界，自己因為見地不夠，般若沒有成就，都執著於這個範圍在搞。換句話說，所謂打坐做工夫，都是跟著身體的感覺在跑。覺得：唔！氣到了背上了，夾脊通不過啦！什麼脈輪通不過啦！這些學道的書越看得多，道理越懂得多，工夫越困得厲害，都在受陰境界中，從來不曉得在般若方面著力，「受即是空，空即是受，受不異空，空不異受。」因此，身上有點氣動了，心跟著動，因為般若不通，感覺境界越來越嚴重，永遠不得解脫，即使死了以後，這口氣不來時，中陰身還是困在另一個感受的境界中。

氣脈的道理有沒有？絕對有，那是自然的，沒啥了不起，你越感受它，障礙越大，所以一旦不做工夫，就受不了了。比如現在一般人打坐，都搞成一個通病，一打坐，都想清淨一點，這種清淨的感覺慢慢就成習慣了。其實，自己的意識狀態感覺清淨，那個清淨只是意識狀態的心理感受而已，再配合生理上悶悶的感覺，所以一打坐當然覺得舒服得多了，因為打坐也是休息嘛！舒服以後，慢慢又悶起來了，悶起來就覺得「工夫在找我」，趕緊閉眼悶在那裡，實際上那個悶都是「昏擾擾相」，還達不到「內守幽閒」。以為這個是工夫，以為這個是道，其實這些都是在受陰區宇，感覺的狀態裡。在這裡頭搞久了的人，腦子呆板，雖比無記、無念好一點點，但是永遠在昏沉中，昏頭昏腦，一點般若都沒有。

假定在這個狀況下，透過般若智慧的解脫，曉得「受即是空，空即是受，受不異空，空不異受」。把這個感覺狀態一丟，才可以談解脫，談超越。可是一般人在現有的境界裡，無法超越。感受的狀態困人，有如此之深。

上次講到思想問題，我們這個想，就是意識思想。如果要嚴格研究，問題很大。佛學上想與思分開，粗的叫想，腦波跳動得快。至於思，將睡未睡，好似沒有想，其實還有一點點思想的作用，很微細的。

又比如有人講話，我們在聽，同時也分別對與不對；或懂得多少，這些都是想的作用。思則沒有這個妄想，有個禪師作過比方，等於欠人家錢，明天就要還，可是沒錢還，今天儘管在這裡打坐，聽佛學，研究什麼，可是這件事情拿不開，這就是思的作用，一股力量永遠在那裡吊住。

「想」實際就是「思」，一個粗一個細而已，這是意識境界的分別心。在我們未成道以前的眾生，思想分別是與生俱來的。嬰兒沒有第六意識的分別心，可不能說他沒有思想，思想不是分別心，「昏擾擾相」還是有的。隨著年齡增長，分別也漸漸增長，所以小孩思想比較天真，也比較純淨。人很可憐，越長大越不可愛，越老越討厭，因為第六意識增強了，染污慢慢加多，並且增加得很厲害，生活習慣，是非善惡等等，總覺得自己的對。

這個慢慢形成的，變成習慣的就是思。思變成業力，變成種子，帶到來生。所以，許多先天的意識習慣，就是前生帶來的習氣，使得每個人個性不同，有人愛笑，有人愛生氣，都是前生帶來的。

因此，叫我們萬緣放下，一切皆空，可是思這個東西是否空得了？假定這個空不了，而認為意識清淨境界就是空，那就自欺了，抵不住事的。到最後上了氧氣時，你的工夫、佛法一點都沒有用，千萬不要搞錯了。可是許多用功的人，都在這上面轉，這是般若智慧不夠，見地智慧不清，行願不夠。真正的善根沒有發起，般若是不會來的。所以《金剛經》只講兩件事：一件講般若，一件講功德。為什麼？大功德的成就才有大智慧，你光在打坐裡頭求智慧，這是小乘法門，由戒、定而生慧。大乘法門不談這個，大乘法門談的是六度，布施、持戒、忍辱、精進、禪定，五種以後才是般若。

一般人用起功來，最大的困惑是妄想不能斷。誰叫你斷妄想？妄想本來非斷非常，斷不了的，「抽刀斷水水更流，打坐解愁愁更愁」，所以有些人打坐眉頭越皺越緊。

妄想本空嘛！不要你去斷它，「想即是空，空即是想，想不異空，空不異想。」再說，我們都研究過唯識，唯識有個名稱叫「五徧行」——作意、觸、受、想、思。在八個識裡頭都有這些作用，所以它自然會起這些作用。

換句話說，我們生命的本能分為兩部分，一個是感覺狀態，一個是知覺狀態。感覺狀態一半是物理的，一半是心理的。思想的狀態也是這樣，主要是心理的，附帶的是生理的。唯識告訴我們，這是「五徧行」，也就是說，它普遍於八個識的作用裡。怎麼斷得了它呢？所以用不著努力去斷思想。六祖也告訴我們：「惠能沒伎倆，不斷百思想。對境心數起，菩提作麼長。」本空的嘛！斷它幹嘛！你那個知道自己在思想的，不是仍在嘛？結果大家相反，打起坐來，自己那個本來清淨的東西，隨時在壓制思想，在那裡妄用工夫，坐一萬年也沒有效果。

再進一步，能把五徧行轉了以後，就立地成佛了，這個非要般若智慧成就不可。所以唯識並沒有告訴我們，斷了妄想就成佛，而是要轉識成智，只要那麼一轉就成功了，就看你轉不轉得了。這「轉」字用得好極了，我們凡夫之所以不能成佛，就是心理轉不過來，這是業力，把我們牽得牢牢的。轉識就成智，成智就解脫了。

所以大家打坐很簡單，「想即是空，空即是想，想不異空，空不異想。」

但是下一個難了，行陰——一股推動生滅的力量，想斷都斷不了。為什麼？這個行陰同宇宙的運行一樣，永遠在動。我們可以借用《金剛經》所說的：「無所從來，亦無所去」，來時，不知來源就來了，去時，不知去處就跑掉了。過去、現在、未來，永遠這麼走。這個就是行陰、動源，一路在動，最難了。

行陰沒有停止以前，沒有得靜態以前，永遠沒有辦法截斷前面的色、受、想，它永遠會來。心理部分也是一樣，永遠不斷在流轉。我們打坐，為什麼感覺不能空掉？因為行陰沒有空之故。

原則上來講，若能做到「行即是空，空即是行，行不異空，空不異行」，那就修持成功了。但我們第一句話，「行即是空」，做到了沒有？「行不異空」，就是行與空沒有兩樣，做到了沒有？一坐起來妄念清淨，這樣行陰是沒有空的。換句話說，虛空也有行陰，所以這個宇宙永遠在轉，轉動就是它的行陰。

我們普通一個人，行陰是否能止，關係了證道，這要靠四禪八定的工夫，做到氣住脈停。氣住了，不但呼吸停止，連身上所有的生命氣息，也在休止狀態，這時，帶動身心流轉的行陰，才算停止了。

行陰不停，所以生理部分不會停止運轉，心理部分也不會停止運轉。那要如何才能還本返源，歸到本來自性中去呢？有個最快的道路——智慧的解脫、般若、頓悟。一般做不到頓悟的人，只好漸修，一步一步來。所以《楞嚴經》中，佛把五陰解脫的程序，清清楚楚的告訴我們，要特別去留意它。

我們之所以不能真得成就，是行陰解脫不了，想陰解脫不了，受陰、色陰也解脫不了。如果說有一點清淨境界，那只是想像的，是第六意識的想像境界而已，並沒有證得真空。想證得真空，在摘錄的《楞嚴經》講義中，都告訴我們了，一切禪宗、天台、密宗、淨土，想修得成就，都不離這個原則。

再進一步，行陰解脫了以後，才談識陰解脫。這個識不只是第六意識，唯識所講的八個識，都包括在內，也就是《楞伽經》所講的「心意識」。

我們所知道的精神狀態，是識的一種變相而已，所以用精神解釋這個識，是個顛倒的解釋。嚴格講，它代表了八個識全部的體、相、用；也代表了精神世界、物理世界全部的功能。

我們應該研究《百法明門論》，其中將色法與心法分開對立，還有一種「二十四種心不相應行法」。但是注意，若真把色法與心法對立分開，那可不要學佛了。換句話說，魔鬼與上帝對立，上帝對魔鬼永遠沒有辦法，其實它只是表達的方法而已，是把它分開分析，容易使我們了解。實際上色法與心法是一元的。

講心不相應行法這個心，是說宇宙間有二十四種東西，不受第六意識左右，人的心理沒有辦法控制它。比如第一，宇宙的時間，你無法控制。你說你睡著了，可以把時間空了，對不起，那個時間還是在走，你轉變不了。第二，勢。比方水流下來的力量多大，即使你說天上天下唯我獨尊，站在激流中，還是會被水衝走。所以大勢至菩薩一來，觀世音菩薩只得站在一邊。

這兩個菩薩是表法的（這裡是用表法來說）。大勢來時，請觀世音菩薩來帶路，這個勢來時，任何人控制不了它。

所以你工夫做得再好，老了還是老了，四大變去了，時間到了就是時間到了。比如我們打坐，坐上半個鐘頭或一個鐘頭，坐不下去了，腿發麻了，想坐還是坐不下去，因為行陰的勢到了。你說，我還要定，心不相應行法，心還是轉不了，連這一點都轉不了，還說什麼轉識成智、轉業力，乃至轉煩惱為菩提呢？

在這種地方，我們就要提起警覺，平常道理都講得很好，事情來到時，卻過不去。你說我還在修道打坐，談起法來頭頭是道，但是為什麼打坐做工夫欲了生死時，卻前路茫茫，後路暗暗？所以說，這個道理要先搞通。

「識」最難懂了，所以《楞嚴經》中講到，第五層解脫才是識陰。

有個同學研究了《楞嚴經》後提出問題：為什麼想陰叫作融通妄想，識陰叫作顛倒妄想？應該想陰叫顛倒妄想，識陰叫融通妄想才對呀！

想陰境界產生十種魔境，實際上不止十種，變化起來有幾百、幾千、甚至幾萬種。比如有人有神通啦，未卜先知啦，都是五蘊中思想的作用。這種功能，現在人叫第六感、心靈感應、特異功能等等，鬼名堂多啦！這些都是思想妄想變的花樣，這是融通妄想。把妄想的功能變化，好像能夠通達，知道萬緣，因此形容它為「融通妄想」。

為什麼識陰境界叫顛倒妄想呢？因為它不叫魔境，而叫作外道，包括了聲聞、緣覺。得了四果羅漢的人還叫作外道，為什麼？因為見地不究竟，所以叫「顛倒妄想」。

這五陰都叫作妄想，因此我們知道，學禪宗的人，一上座就是去除妄想，以為是去了第六意識，其實，那只是第六意識分別心的一點點浮面上的油而已。真正的妄想由地底到浮面都是。所以，要除妄想一定要把五陰妄想都去掉，才談得到空。

大家不要以為，噢！我打坐一直空空的，好舒服，那是第六意識的想像境界。我們兩隻眼睛看過的虛空，只有一點點大，所以打起坐來，眼睛一閉，想像起來的虛空，也只有一點點大。人的思想範圍，往往只跟著生命力所發揮到的範圍走。所以你看，我們的思想多好玩，在迷糊的境界裡，是非善惡都是顛倒的，我們認識的範圍又是多麼狹窄。可是在這個意識思想裡，卻自覺非常崇高，非常偉大，都是自己欺騙了自己，不是真正的空。

這都是屬於見地方面。

五陰解脫的見地要特別注意，不管有所得的，或剛入門的，切記不要走錯了路。

其次的問題，在色受想行識中，我們生命最重要的，第一是思想，想陰，也叫作妄想。這個思想是識陰所變，識就是心，即《瑜伽師地論》所說的心意識，不是本體的心。第二是受陰，人生來就是有感覺的，感覺是受陰來的。

若把色歸類成生理部分，想與受應屬精神部分。包括了生理與精神部分的是行陰、識陰。

我們聽了這些，思想不要向外面去想，要回轉來在自己裡面找，分類試著去找，真正的佛法不是叫我們不用思想。「禪定」，教理稱正思惟，後來禪宗稱參究。「禪定」不是叫你跟著身體轉，氣脈在動，你不要理那個受陰的動，要在正思惟上去找才對。漢朝以前的中國道家稱「精思」，所謂精思入神，也就是禪宗稱的參究。大家打坐時，都被生理感受境界迷糊住了，沒有真正證入正思惟，那就不算真禪定。

佛法的重點在見地。剛才的討論有個主題——用《般若波羅密多心經》的綱要，「五蘊皆空」，配合《楞嚴經》五蘊的解脫，就是這次課程重點所在。這個就是見地，要把這個理搞通，才可以做工夫，才可以真談修持，不然工夫縱然做得好死了，抵不住事的，沒有用。即使工夫做到身體會發光動地，也沒有用，否則不叫佛法。所以每一部佛經都找不出做工夫方面的內容，佛經只談見地的理，因為真正的見地到了，工夫一定到。換句話說，你見解上到了，工夫沒有到，那個見解不是真的見解。

比如一個人手中拿著一個名貴的杯子，鑲著珠寶，突然打破了，解脫的人看都不看，知道打破了；不解脫的人，看著破碎的杯子，就在那裡哭、叫。他明知道打破了，可是抱著那個破杯子還在哭，還在叫。曉得了空，結果還抱著那個沒有用的東西，來悲痛這個空，有用嗎？

不要看它是小事情，同樣的道理，懂了就是道。所以禪宗祖師在某一小點上一悟，整個都清楚了，就是這樣。

不要認為這是一句閒話，古時禪宗大德們的嬉笑怒罵，你把它當嬉笑怒罵就浪費了他的話。他處處點你，因為有時候不好正面罵你，只對你吊兒郎當地幽默一下。你說東，他說西，實際上他在打你，打擊你是愛護你。

比如第一次發給大家講課通知，告訴大家個個沒有例外，不要麻胡，真做得到規定才來登記上課。大家都登記了，可是幾個人真做到？寫筆記也好，任何其他一項也好，沒有人真做到。這是「行」門，大丈夫承諾了，說做就做，既然要來聽課就應守這些規矩，對不對？誰做得到？為什麼要這麼做？你們懂嗎？是故意拿棒子到處在打，打得醒，你們自己受益；打不醒，算了。

這就是行。我還只講筆記部分，其他的部分多啦，不討論了。這都是心行的關係，所謂「萬行門中不捨一法」，這個佛法的修持怎麼談！儘管私交如何好，真正的行門無法談，一談就非罵人不可，只好在心裡頭說：唉！「如來說至可憐憫者也」。

行門同見地是不可分的，見地到了一步，你的心行非變不可。大善知識們，大禪師們，一看，這個人有沒有進步，一看就知道了。別以為氣色好了，氣脈通了是道，那是逗你玩的。

氣脈通了，不相干，大智慧的人不受這一套騙。等於禪宗好多祖師，老師一獎勵他，把耳朵一摀，聽都不聽，還受這個恭維！當然不！悟與不悟一樣。世上最害人的是高帽子，騙死人不犯法，而且把他騙死了，他還感謝你。講真話沒有人聽的，所以沒得辦法。

見地到了的人，他的心行馬上就轉，自己有數，立刻就轉，善知識一看，就知道，他的心行已經轉了。

行包括很多，比如愛偷懶，也是行不對。又比如佛法第一點講慈悲，自己想想看，哪一點慈悲做到了？我們是做到了一點——要求別人來慈悲自己。什麼「要度眾生」？哪個做到了？你省省吧！對自己最親切的人都沒有辦法度，還度眾生！

在這些漂亮的名辭下，隱藏了多少罪惡，都要隨時反省到。越是漂亮的言辭，越掩蓋了自己的過錯，假如學佛不檢查到這個程度，免談了吧！沒有人搞這個事的，做不到的，而且都是以計較心——商業交易的行為來做這件事，尤其是這個時代。

以上講見地部分，大概如此。一句話，見地非常重要，不是幾句話所能夠講完的。

《華嚴經》李長者的《合論》要看，一切經典要注意看。有很多人學佛沒有研究經典，依照唐代佛教制度，出家要考試，通一部經論才發文憑（度牒）的。

現在許多人研究佛學，老實說，拿佛學的嚴格標準來講，並不是研究佛學，這個問題非常嚴重。我是不敢講而已，講了又有什麼用？大家說：老師，你應該講。佛法又不是我一個人的，為什麼我應該？又說：老師，你有責任。其實大家都有責任。這些心行，一開口，一發言，就不對。假如心行對，為什麼不發心呢？我慚愧，我自己要努力，我要度眾生，我就要努力下去，要修持，修證好了，再來度人。我們為什麼不肯修持呢？所以學佛很難。

見地方面，要自己去研究經論才是。

現在轉來談修證。拿見地來講修證，修證只是等而下之的事情而已，不足一談。

可是真談修證，還並不容易。修證就是做工夫，不分宗派，不分方法，不管念佛、參禪、煉氣，不管做什麼工夫，都是修證法門。修證法門只有一個主要原則，就是修「止觀」而已。

在因位上叫止觀，在果位上叫定慧。止就是定，觀就是慧。換言之，止就是工夫，觀就是見地，所以非修止觀不可。

我們不管學哪一宗，哪一派，開始學靜坐，千萬不要分別宗派。各宗各派只是方法不同而已，或者是方法所偏重不同而已。自己可選擇一個方法修，當然最好有善知識的指導，可以看出來哪個方法比較適合你，憑他的指導，去選用一個方法。成就了的人，對任何方法都可自然通達。

不要把盤腿打坐當作修定，修定姿勢是無限制的，坐、站、睡、行、食，皆可定，無處無時而不定。不過我們初步不能做到止，因此必須要打坐。打坐一共有幾十種姿勢，不過對生理、心理最有利的，就是盤起腿來打坐。盤腿的作用大得很，如寫這方面的文章，可以大發其財。不過，我有個原則，一篇文章下來，對世道人心無益處者，誓死不幹，這是我的行門。

我們盤起腿來打坐，氣機真正通了，那豈止身心發樂而已！我們後天的身體，不可思議的功能，都發出來了。比如老年人的氣脈整個通了，就會同嬰兒一樣。不過，兩腿氣脈通了的人有沒有？沒有，至少我沒見過。

有同學注意到佛經上說的兩足尊，這不光是理論，非常對。理論上兩足尊是福德圓滿至尊，智慧圓滿至尊。福德、智慧兩皆具足，所以叫兩足尊。實際上，五通裡有神足通，神氣充滿了，直至兩足。人的根在頭部，虛空就是土壤，手足是枝椏，枝椏一萎縮，這個「無根樹」就完了，所以有很多理由要盤腿。

把腿一盤好，真正找到路子的人，用一個很澈底的辦法，懂了理，修持很快就上路了。

過去釋迦牟尼佛在時，弟子們七天、五天就證羅漢果，不是假的。為什麼呢？古人物質欲望不發達，思想、心境非常純樸，容易證果；現代人越有學問越難弄，越不會成功，因為自己太複雜了。古人是聞一言而必行，佛經上經常有四個字：「信受奉行」。每一本經典結束時，差不多都是這四個字，這不是例行公事，而是真實如此。從「如是我聞」開始，到最後「信受奉行」，任何佛經都是這八個字，真做到就成功了。古人一信就信到底，信老師，信佛，一信馬上就有感受，身心感應就變了，非常恭敬地奉為金科玉律去做，就成功了。

現代人不然，你把寶貝教他，他當面對你說：好啊！好啊！非常感謝！心裡頭則想：該不要上當吧？不曉得老師到那個程度沒有？然後回去，找兩三個人研究那個老師去了。現代的人與古人的心理，相差到如此程度，我幾十年來看得清清楚楚。所以古人幾天就可以成功，現代人不會成功，就是自己的心行道德，把自己擋住了。然而，古人今人的生命功能，則是一樣的。

雖然講見地與行願，但是行是不敢詳細說的，如果詳細說行的話，可以把任何人駁得體無完膚。能做到「如是我聞，信受奉行」就成功了，但是沒有人做到。

那麼我們打起坐來怎麼辦？只要「信、受、奉、行」，信你自己，信佛說的話，自性本空。所以禪宗四祖、五祖提倡《金剛經》是有道理的，你曉得空就好了嘛！不過不是我們去空它，它本來空。我們把腿一盤，一上座，已經空掉了，不要另外去求個空，這是捷徑。

第一步，腿一盤，既不求空，也不求有，眼睛閉起來。這個時代的人，眼睛耳朵都用得太多了，閉起眼來，無所謂看，無所謂不看，記住：本空！這時眼睛一閉，覺得蠻好，一剎那間，馬上又覺得自己思想好多，好討厭。不要討厭它！如果沒有思想，也不叫作人了，你不理這個思想就是了。這時我們不是知道這個思想來來往往嘛？你那個知道思想來來往往的那個，沒有被思想擾亂，那個是清淨的，沒有被思想、煩惱騙走，還求個什麼呢？佛者覺也，你已經知道了自己有思想，這不是覺嗎？

《楞嚴經》上說，我們的思想煩惱是「客塵煩惱」，如過客一樣來來去去，你這個主人家，知道客人來來往往，不過當主人的不去殷勤招待，客人來了，不歡迎；客人走了，也不送。它愛來就來，愛走就走，讓它自然，思想慢慢地會疲勞，懶得動了，你這主人家的那個正覺不要睡覺，看住它，如果你睡著了，客人就在裡頭翻天覆地了。這是第二秒鐘。

第一秒鐘腿一盤很清淨，第二秒鐘就曉得思想來了，現在告訴我們，用正覺看住它。

第三秒鐘，煩惱來了，本來你是看住它，後來思想來跟你搗蛋，在那裡「剪不斷，理還亂」，但是你不要去剪，不要去理，它自然就疏了下來。第三秒鐘的煩惱就是感覺來了，那裡發脹，這裡發痛，痠痛脹麻癢冷熱都會發生，只要我們一靜，這些現象都會來的。你打起坐來有這些現象，就是氣脈初步的動。換言之，當你靜下來時，不管好的或壞的感覺出現，都是因為心裡比較靜，氣機的反應來了的原故。

這個第三步的感受來了，怎麼辦呢？還是第一個道理，只要看住它，這個地方就要忍了。我年輕時，初學打坐，盤著腿也是熬不住，袁老師告訴我：忍耐一點，多熬一下，多受一分罪，多消一分業力。既然可以消業，我便熬下去了。下座以後，再盤腿就吃不消了，可是因為好勝，怕難為情，就硬熬。後來為了降伏這兩條腿，住在一個廟子裡，一個人關在藏經樓閣上練腿，那也是煉心，盤起腿來硬熬，心裡求菩薩幫忙，大概熬了五六天，那真痛苦！連這個腿都降伏不了，還降伏其心？幾天以後，本來痛苦得身子都彎下去了，忽然，卡嗒一聲，腿軟了下來，兩腿貼得平平的，不想下座了，舒服得很。我的和尚朋友在下面想到，閣樓上那人，整天都沒聽見他敲引磬差人送飯，該不會出問題了吧？就在下面喊，我因舒服極了，根本不想回答，這下可把和尚嚇著了，趕緊叫人爬上去，一看我坐在那裡好端端的，只是不答話，原來在打坐。

這說明了什麼？痠痛脹麻冷熱，也是生命本能發動的一種，有一點反應就有一點影子，不管好反應或壞反應，你那個正覺看住它，千萬不要加上現在的知識，密宗啊，道家的工夫啊，引導氣脈向命根走啦，什麼督脈通啦，一引導就完了，不但達不到氣脈通，甚至引出各種毛病來（尤其是女性，千萬不要注意胃部以下），你一引導反而不能成功。

有沒有氣脈這回事呢？如果弄得好，七天基礎就打好了，是有氣脈這回事。不過要無心於氣脈，無心於四大，四大皆空了，氣脈就成功了。成功以後，祛病延年是尋常事，不算稀奇，返老還童大概也不難吧！

第廿七講

內容提要

一知與色身
一知與思
修持的初步
作意、假觀、所緣
假想產生的魔境
守著靈明清淨
不守靈明清淨
漏
任脈的變化

今天推開資料來做實際的結論。

上次提到我們剛上座時，兩條腿一盤好，第一念之間，沒有特別刻意去做工夫，比較清淨的這個階段。我們把它分成兩個部分來講：一部分是知覺的，一部分是感覺的。

知覺的狀態偏向於精神、思想；感覺的狀態則偏向於身體。

上次在五蘊方面，已經作了一個大概的說明。後來有位同學提出異議，他說，老師！您平常不是講，知道的這一個「知」是毛病，是無明嗎？現在在定中，假定還有這一知，這一知不也是最大的毛病嗎？

上次我曾說過，知道自己在散亂、在昏沉的那一知，不屬於散亂，也不是屬於昏沉，要保持著那一知。現在這位同學提出來：知道自己散亂、知道自己清淨的那一知，應該屬於不究竟，比如《心經》上不是說「無智亦無得」嗎？

這個問題問得非常對，這一知的確是一個問題。拿現實來研究，比如我們不管有修持或無修持，我們現在這一知很清爽，或坐在那裡得定。但是，有一個先決條件：就是這個生命還存在，肉體還沒有毀壞，腦神經還健康，所以才可能有清楚的這一知。假定我們的腦神經毀壞了，這一知還存不存在呢？如果說我們死亡了，或者腦神經毀壞了，這一知跟著腦神經的死亡而死亡，那麼我們說了一輩子的佛法，不是自欺了一輩子嗎？那又何必去做這麼一個工夫呢？把一生的時間、精力都投資進去，結果是沒有用的。

假如說，我們的腦神經或身體死亡以後，這一知另有超脫的境界，那麼可以討論這個問題了。這是一個非常現實的問題，不需要拿佛學、禪學的道理作解釋，那些解釋太虛玄。你說，你死後一定到哪裡，別人可以不接受你這句話，因為你現在是活著講的。死後究竟如何解脫呢？那麼你說，到時候你證明給我們看，但是你給我們證明，我們又看不見，你已經死了，我們又無法找你，那麼這個證明如何辦呢？這是值得注意的。

我們現在活著的這一知，靈明清淨的這一知，就是靠我們這個色身、四大、五蘊在絕對健康狀態裡頭形成的。

問題來了，比如道家修氣脈的人，密宗專注於氣脈修持的人，氣脈修持好了，就是保持現有的生命絕對的健康、絕對的清淨，甚至於超乎平常的健康、清淨。所以，你有這麼一個清淨的境界，是由於你的色身，也就是說，這個境界是由生理來的，靠這個生命——四大、五蘊存在來的。如果四大、五蘊毀壞了以後，這一清淨、靈明也都沒有了，那麼這就不是唯心了。

如說那個時候我清淨靈明，而且離開這個生理，離開這個物理世界後，仍會另外的存在，對於這個說法，如何拿出證明，是個重大的問題。

目前在我們活著的時候，初步只好保持這一知。當然這一知是第六意識清淨面，這一知也是第六意識，而非究竟的。換句話說，這一知在唯識中屬於「思」的方面。這一知，我們在靜定中，有個清淨靈明的這一知，昏沉來，知昏沉；散亂來，知散亂；煩惱來，知煩惱。這一知在《楞嚴經》上說：「知見立知，即無明本；知見無見，斯即涅槃，無漏真淨。」

過去有一位禪師，因看《楞嚴經》而悟道，他就是看到這一句話。他看到這裡時，突然有個靈感來，把標點另外點過：「知見立，知即無明本；知見無，見斯即涅槃。」這標點一改，就變成了：有一個知見存在，有一個清淨的境界存在，這一個知這個清淨的，就是無明妄想；知見無，這個所知的境界都空了，連這一知也空掉了，有人見到這樣，就叫悟道。他自己因此悟了，所以後來他的法號就叫「破楞嚴」。

現在來講修證的工夫。前面提到過，分兩面處理，一個是知覺方面，一個是感覺方面。

已經證到的人，或任何一個完全沒有入門，甚至連靜坐都沒有經驗的人，應該從哪一方面開始修持才好呢？答案是從知覺部分。悟了道的人，還必須要經過這個修持，再來求證；沒有悟道的人，更需要經過這個修持，以求真修實證。

問題是怎麼樣去修證呢？首先就要把我們第六意識這一知，自己假造一個所緣境界，先假造一個能把握住、能抓得住的事物或境界。為什麼叫它是假造呢？拿佛學唯識的名辭就叫「作意」（換名辭就好聽了，所以我們學佛學道，不要被名辭所騙）。先要作意，比如念佛，這一句佛號是作意來的，因為釋迦牟尼佛告訴我們這個方法，我們聽過以後，接受了這個方法，自己在意識上建立一個佛號，這是作意。學密宗的人念咒子也好，（差不多所有的咒子有三個基本音：唵、阿、吽。唵（音嗡）現在大家都念成「庵」，阿字念成「哦」。為什麼演變成這樣？有個原因，我們現在不管它）觀想也好，這都是作意，造一個所緣。乃至學禪人的參話頭也好，甚而完全達到三際托空的境界，統統都是第六意識在作意。在第六意識中，自己認為這是清淨，這是空。連天台宗的止觀聽息，或觀音耳根法門等等，這些所有的方法，綜合起來，都是唯識學五偏行的「作意」。

天台宗所謂「假立」，就是空、假、中三觀的「假觀」。假觀是建立一個所緣，本來沒有，由無中生有。意識中原本沒有，而去假立的一個東西，這種假立的方法，就產生了佛說的八萬四千法門。比如道家修上丹田、中丹田、下丹田，（女人決不可守下丹田，稍作意下丹田，會出毛病，很嚴重的。假定女人要作意身體上，只能夠守中丹田，也就是胸部以上）及守竅、守光、煉氣、存想，統統是作意，真是八萬四千法門。但不管如何，都是先找一個作意。

尤其在座一些老修行們，稍有所得，半途打了退票。學佛法最初的就是最後的；最基本的就是最高深的；最初的一念也是最後的一念。我們沒去注意這一點，往往得一點境界，得一點道理上的體會後，反而把最初的丟掉了，不會回頭來，從基本上踏實做起。所以佛家一句話：「出家如初，成佛有餘。」第一念發心：我要出家。如果出家幾十年，都像第一念那麼誠懇的話，早就成功了。修行也是這個道理，基本在於作意，要先找一個所緣作意。

我常勸大家走念佛法門的路子，照《觀無量壽經》的修法去修，不管你修禪宗、淨土、密宗，或其他任何宗派，都是一樣的，只有一個法門——止觀，也就是定慧。先求止，把第六意識先拴在一個緣上，求到止。所以，有許多人覺得自己悟了這個理，認為對了。老實講，你檢查一下看，你的思想沒有停止過，都在散亂中，你必須要把第六意識這一「知」，拴在一個緣上，自己假立這個緣，看你能不能做到「一念萬年，萬年一念」。

假如你觀想阿彌陀佛，或者觀音菩薩，任選一尊，如果觀不起來，可觀想佛印堂前面這一點亮光，或者頂上一個圓光，或胸口的卍字，先抓住一點，這是假立。

我們修持怎麼修呢？三個步驟。

第一照靜坐的姿勢，把身體坐好。

第二訓練自己把自己的意識，所有的思想習慣都排除了，排除得一乾二淨（這句話講起來很簡單，做起來很難）。排除了也好，排除不了也好。

第三意識構想一個東西，當然最好是想佛像，想光明點，想像一個東西擺在前面或者上頭，永遠不動。

比如你觀想一個佛像在前面，忘記了身體，意識上只有這一緣。假如想到這個佛像時，哎呀！佛對我笑了，或者佛摸我的頭了，那是第二個念頭了。你只要想一個佛，或者觀想一個日輪，或觀想一個星光，只有這一緣，一念萬年，萬年一念，這才叫作得止，得定。沒有經過這樣的修持，你佛法講得如同釋迦牟尼佛一模一樣，也是沒有用的。抵不住生死，也脫不了輪迴，不能超凡入聖。

觀想下方也有道理的。你說觀想下面不恭敬，十方三世都有佛，下方也有佛，怎麼叫不恭敬？

《笑禪錄》裡有一則笑話：一個小孩尿急了，跑進大殿，當著佛像，把褲子一拉，撒尿。和尚氣得罵，他卻一本正經地說：十方三世都有佛，你叫我向哪裡屙？這笑話裡頭含有真理，可也不是笑話。

我當年學道時，有一個年輕的和尚朋友，教我一個外道法子——頑空修法。一邊念佛號，一邊觀想自己的身子往下沉，一直向下沉。這個雖然是外道法，但這個方法救了很多高血壓的人，以及神經快要爆炸的人。我們打坐，尤其是中年以上的人，血壓反而弄高了，因為在用心，都向上走，可用這個法子對治。

我當年什麼都去學，不管有道無道，都要向他們摸索一下。另外有一個方法，對於高血壓、老年人、有病的人或失眠的人都有好處。上座，心裡頭什麼都不想，只念一個「空」字，一路空下去，把神經都放鬆了，腦子也放鬆了，有人就用這個法子治好了緊張的毛病。

總之，不管走哪個路子，先要建立所緣。唯識叫「作意」，天台宗叫「假觀」。換句話說，你真把假觀修成功了，同《楞伽經》的意生身有關。學禪宗的人悟道後，如果不懂意生身，是沒有用的。悟了那個空的境界，不知道工夫修持，不證意生身，你那個悟到的空性，一點用也沒有。所以必須要找個所緣。

現在一般人學禪，盤起腿來，坐上半個鐘頭也好，一個鐘頭也好，都在「內守幽閒」，也就是大慧杲罵的默照邪禪；再不然就是空心靜坐，連頑空都不如。所以修持要有成就，必須要有所緣。這個有所緣，就是知覺部分，就是把第六意識知覺部分，緣在一點上面。假定有大根器、大氣魄的人，就這麼一路下去就成了。因為這一所緣當中，就包括了三止三觀。

先是這一念無中生有，觀起來是假觀，就是作意。把它觀成了以後，身心忘了以後，再把自己造作的所緣空掉，就是「空觀」。那個空就不是我們現在意識所想像的空，因為我們現在意識想像的空，離不開腦子心理所造作的空。到空觀現前，放下萬緣的空，才是真正的空。然後要空就空，要有就有，再把它翻過來，空有雙融。在學理上叫作「中觀」；在道理上叫作能真空，能妙有；在修證上就是法、報、化三身成就，變化無量。總之，非經過這個修持不可。

但是，話又說回來了，那個同學說：初步這一知，是第六意識造的，非究竟。我們也可以換句話說，知道這一知，而不執著這一知，就是究竟。講這一知非究竟是對小乘而言；講這一知是究竟，是對大乘菩薩而言。講這一知即是無明，是對凡夫而言；講知與不知都無所謂，是對大覺、大正菩提而言。理論到此為止。

現在再回頭來講，我們修止，必須要修所緣，意識假造一個東西。比如緣呼吸，為什麼要心息相依呢？就是把呼吸變成一個所緣的對象。

但是，不管你緣在哪裡，馬上有個現實問題會來，就是你的知覺始終被一個東西拉住，也就是感受，被那個受陰所發起的感覺拉住了。我們盤起腿來，都在搞身體的感覺，腰發痠，腿發麻；再高明一點，覺得這時清清淨淨；這清淨也是感覺上發出來的。我們多半被感覺拉著走，再加上看過道書，學過密宗，唔，要通夾脊了；嗯，命門這關通了；都是第六意識後天加進來的知識配合，在那裡製造境界。打坐坐在那裡忙得很，開道家的研究會，開密宗氣脈的研究會，然後自己還要加上註解，加上自己的幻想，把自己的幻想又加上註解，而且把這個當成工夫。真講修持，要嚴格檢查自己的這種心念，大家要注意。

你必須堅定於所緣，不被氣脈的感覺牽走，身上有一點感覺反應，要統統不理，這個地方就要靠智慧解脫了。真達到不受感受的牽制，真能不理這個感受時，真氣脈就來了。這時候，道家所謂煉精化氣、煉氣化神的道理，同彌勒菩薩《現觀莊嚴論》一樣，凡夫有凡夫的四加行，聲聞有聲聞的四加行，緣覺菩薩有緣覺菩薩的四加行。

所以道家有個名稱叫「九轉還丹」，等於化學提煉一樣，要經過九次的提煉。「九」並非是呆板的數字，根據《易經》的觀念，九就是最高數，提煉了又提煉，精煉了又精煉的意思。一次又一次的反反覆覆，這是說明了這個再三精煉的道理。我們生理上的感覺境界是真的，不是假的，可是人們因為這些書看多了，思想上受這些觀念影響，因此，想專一於意識境界的所緣境，都做不到。

比如很多人坐著，一念求空，靜靜坐下去，靜坐在那裡這一知，知道自己妄念來了，知道自己散亂，知道自己昏沉。散亂、昏沉來了就知道；沒有散亂，沒有昏沉也需要知道，永遠保持這個，就是我們的所緣境界，但是我們做不到。

坐在那裡走空心靜坐的路子，往往知也知道，清淨呢？好像也清淨，昏沉也在昏沉，頭昏昏的，裡頭的妄想也在打，雖沒有大妄想，小小的妄想來來去去，永遠斷不了。所以你在那裡坐一萬年，不是在修行修道，只能算是凡夫修養的一種靜坐法而已，不算修持，這點要注意。

我們對於打坐無所成的人，有個結論，就是他們第六意識作意的所緣境界，始終沒有達到專一，所以初步都不能成功，初禪都達不到。

不要以為能靜坐幾個鐘頭，氣脈也有一點反應，就算是什麼成功，沒有用的，靠不住的，到了生死關頭時，你一定會後悔，因為這個靠不住，靠生理來的不是道，生理機能一衰敗就沒有了。如果這個道是靠生理而來，它就是唯物，可是，道是絕對唯心的，這個問題很嚴重。

上面說過，在修持做工夫時，必須要專一於所緣境界，也就是我們的心理狀況要有個假想。不過，這個假想也很麻煩，所以我多半勸人不用假想，上座就保持自己靈明覺知。因為用假想容易發生毛病（千萬不要注意下丹田，女人注意下丹田容易引起血崩，男人容易遺精），假想往往會配合生理上的變化，產生很多幻境。幻境就是魔境，看到什麼光，聽到什麼聲音，聞到什麼味道等等都來了。這許多幻境哪裡來的？學佛的人要注意，不能不研究教理，理不通沒有不走錯路的。實際上，任何一個幻境，都是我們阿賴耶識下意識裡存在的觀念所造成，我們並不知道。幻境每個人不同，因為各人所帶來的阿賴耶識種子不同的原故。

有些人看到魔，有些人看到鬼，有些則是從聲音發生幻境，實際上都是我們下意識裡的鬼名堂，自己很難檢查得出來。普通心理學所講的下意識，即唯識學第六意識的一部分，第七識及第八識不能用下意識代表。真有般若智慧的人，一有了幻境就檢查得出，知道是自己下意識裡頭出來的，沒有其他。所以龍樹菩薩的《中論》不能不看：「諸法不自生，亦不從他生。不共不無因，是故知無生。」比如我們看到一個幻境，這個幻境本身沒有根，它自己不會生；也並不是有個鬼，有個魔，有個菩薩，故意變出來給你看的。不共生，不是自他共同構成出來一個東西；也不是無因而生。

共生就是講因緣，佛法處處講因緣，《楞嚴經》上說：「本非因緣，非自然性。」諸法不自生，就是非由一股自然力而來；也不是另外有個主宰。佛法的最高原理就是：無主宰，非自然。這些都屬於見地方面，也同修持有關係。

對於一般人修道家或修密宗的有為法，我都不大贊成，因為在這個時代，腦子已經夠複雜了，現在人的煩惱同古代太平盛世不同，在這五濁惡世中，有為法容易引起生理、心理五濁的因素，很容易入魔障，所以不如守一個靈明清淨，比較穩當。

靈明清淨很容易，只要上座的第一下保持著就行，但這也是所緣，要永遠保持這一念，中間不落於昏沉雜念思想中，就保持這一知。不過有了這一知，心心念念知道清淨，心心念念保持那一知，那一知就成了妄念。

第一剎那那一知，就是了。如果還一直念著，我要保持這一知，那就又過頭了。所以，「知見立，知即無明本；知見無，見斯即涅槃。」我們知道這一知清淨，清淨以後就不理了，就過去了，不就對了嗎？如果還一直念著清淨這一知，就又不對了。

這樣保持以後，生理是必然起變化的，老實講，四禪八定一步步的修持工夫，都離不開這個身體。講到生理，前面已講過學道、學密有些什麼毛病，學禪有些什麼毛病，反過來講，也都不是毛病。懂了理以後，氣脈之道是必然來的。但是你要求定，第一個要做到不漏。

不漏的範圍有廣義、狹義之分。廣義的，我們一天到晚都在漏，眼睛看，耳朵聽，六根都在漏。五濁惡世中，現代人的「命濁」最糟糕。老子講的一句話很有道理：「五音令人耳聾，五色令人目盲。」生在這個聲色時代，音響高明，燈光特別多彩，電視特別好。結果，耳朵聾的多了，眼睛近視的多了，反倒不如當年只有一根燈草的青油燈。我在峨嵋山閉關三年，三根燈草看《大藏經》，和尚還說浪費。這個時代，物質文明越進步，命濁越濁了，毛病越多了。

我們的六根都在漏，而身根的漏，最重要的就是漏丹。現代美國的性觀念問題非常嚴重，這且不談。至於我們修道為什麼不能得定，性的問題過不了關，所以不能得定。《楞嚴經》再三強調，淫根不斷，如要得定，猶如「蒸砂成飯」，怎麼能成功呢？

有人問：最近科學生理學講，男女的精到了一個時間，也像其他細胞一樣，要新陳代謝。不把它排泄出來，對身體有妨礙。

現代醫學衛生是這麼講，但有一點要知道，凡是科學，都沒有絕對定論的。很多科學的研究，今天認為是真理，明天又把它推翻了，所以不要盲目地迷信科學。

《楞嚴經・卷六》佛告阿難：「若不斷淫修禪定者，如蒸砂石，欲其成飯，經百千劫祇名熱砂。何以故？此非飯本，砂石成故。」所以修行若淫根不斷，如蒸砂成飯。這個根是什麼根？過去杭州有一個和尚，是個很有名的法師，人家說他的淫根斷了的，看到在家女或尼姑，就和她們抱在一起，大家也不在乎。因為他為了修道，自己硬拿剪刀把生殖器剪了。這怎麼是淫根斷了呢？淫根不是指這個，淫根是心理，這和尚比誰都犯戒，這很嚴重，他因為自己生理部分一剪，就這樣亂來，一天到晚在犯淫戒——意淫。所謂淫根這個根，是指意識。

意識上有性的欲念以後，就有各種漏丹的後果。一般這個漏，只是指身漏。實際上，六根都在漏。

要把這個欲念完全淨化了，才能得定。壓制不是斷，像那個和尚也不是斷，那個根仍然存在。但真要斷淫根，一定要到四禪定才能夠斷。

所以大家打坐，從頭頂到手指尖，每一根神經都沒有得樂，就是因為精不滿的關係，都因為是有漏之因的關係。我們打起坐來，生理不能舒暢，心理不能清淨，念頭不能專一，不能真得定，都因為有漏的關係。

我們打坐有時很清淨，是因為六根都收攝了，少漏一點，自然就好一點，慢慢多坐，做到不漏，生理自然起變化。在我所著《靜坐修道與長生不老》一書中，敘述的氣脈過程是必然要經過的。這本書只講督脈，沒講任脈。任脈是自律神經部分，包括五臟六腑部分，任脈若通了的話，中脈也就通了，任脈是比督脈還難通的。

真到了任脈起變化，五臟六腑等於換了個位子。如果見地道理不清楚，會嚇死的，這也是唯心的作用。佛經上講「脈解心開」，確有此事。心脈解開是非常難受的，好像在心口上挨了一刀一樣，不過打開了後，真是舒服無比。胃氣打通尤其難受，好似胃連著肺部、肝臟，一下子給人撕了下來一樣。打開了，就好似五臟六腑都換了一個。換句話說，心肝脾肺腎的功能慢慢壞了，自己裡頭慢慢給你拆下來，換了一個新的裝上去。

任脈通了以後，當然，所緣的觀想還是在定境中，這個知覺定境界，同我們生理上的變化沒有關係，這時才會懂得解脫。

假定這時因生理上的各種變化，我們當場死了，我們那個靈明覺知照見自己變化的，正如《心經》所說：「照見五蘊皆空」，無所謂了，要死就死，沒有什麼了不起。我們只要把定的境界保持著，等任脈完全打通了以後，就可以達到真正的初禪。

當然，任脈通沒有這麼簡單，修行是苦行。道家有個名辭叫「焚修」，修行者稱「煉師」，硬是像在火中鍛煉一樣。

任督二脈的打通，同密宗所講三脈七輪的情況，又是不同的。三脈七輪另講。

我們的身體吊在這裡，是多餘的。實際上，我們真正的生命，是和這個宇宙，這個法界，這個太空合一，是永遠存在的。這個身體，只是生命第三重投影在這個世界。

這些屬於感覺方面的修持，生理、四大的變化，是一步一步固定的工夫。注意！那個執著在所緣境界上的知，始終不動，生理上的變化，才自然源源而來。不過，多半的人過不了這許多關，尤其是現代人，有一點難受就害怕了。比如胃像麻袋一樣抽攏來，那感覺真不好受。這時，心理上空靈的定境沒有變，生理才會起變化，重點在這裡。如果那時定境沒有了，氣脈就不會通，病也不會好，兩者要分開才會解脫。若把兩者混合在一起，想除生老病死永遠也辦不到。注意！定境還是空靈的，沒有變動過。

胃上不空，喉輪不通。喉嚨、食道不空，想斷妄念，斷煩惱是做不到的。所以密宗說，由喉輪到心輪這一部分真正打通的人，可以沒有妄念，因為起不了妄念了，生理與心理是互為因果的。

修道家、陰陽家的都知道一句話：「四象五行皆藉土，九宮八卦不離壬。」胃即是土，所以我經常勸大家把胃搞好。所謂壬水，就是煉精，不漏丹。所以胃一通，就是中宮氣通了，那時你會體會到孟子說的「充實之謂美」。也就是《易經》坤卦，「黃中通理」（腠理就是皮膚），胃氣走通了，「正位居體」。也就是孟子所謂「浩然之氣」，充塞於天地之間，這是真真實實的境界。

總之，五臟六腑部分，是屬於任脈的範圍，每個機能都要把它換過來。所以道家說「脫胎換骨」，這句話不是騙人的。

這些氣脈都通了，才能證入初禪的真正禪定——大乘道的初禪境界。大家應當好好修持，不要亂搞。

一般所謂氣脈、工夫，都是拿著一點皮毛在搞，整個系統沒有弄清楚，自己沒做到難行能行，難忍能忍的苦行。不修苦行過來，不是真實做工夫，那種修行只是七零八落，支離破碎，永遠不會成功，永遠不會證果。

因為時間關係，密宗與瑜珈的三脈七輪沒有講，姑且欠帳，將來有機會本利一齊交代。

第廿八講

內容提要

只有行願
三千善行，數千功德
打開心結
情的慈悲與智的慈悲
動搖心行
如何轉變氣質
四重恩三塗苦
檢查再檢查
行行重行行

今天的課程是最後一次。

這次講課，原則標榜的是見地、修證、行願。其中較偏重於修證做工夫方面，行願只略為提到一兩句。

實際上我們大家學佛修道，都是想證果。但是為什麼學的人那麼多，而真正能證果的人那麼少見呢？主要是行願不夠，不是工夫不到。

今天站在行願的立場來講，如果沒有行願，見地是不會澈底的；沒有真正的行願，修證工夫是不會進步的。但我們最易忽略的，就是行願這方面，所以大家用功會感覺不上路。

現在以見地、修證、行願三樣合一來講，比如有一個很明顯的心理，世界上很多人為什麼要學佛學道？就算不走學佛求道的路子，也要求另外一個宗教信仰，乃至不找宗教信仰的人，也要另外找一個東西來依靠。基本上來說，下意識都是有所求，像做生意一樣，想以最少的代價，求一個非常大的成果。

等於求菩薩保佑的人，幾十塊錢香蕉，幾十塊錢餅，幾塊錢香，充其量花個壹百塊錢；到了廟裡，燒香、叩頭、拜拜，要丈夫好，要兒女好，又要升官、發財，一切都求完了以後，把香燒了，最後把香蕉帶回去吃，自己慢慢吃。

這種祈求的心理多糟糕！好像人犯了錯，跪在那裡一祈禱，就辦了交代一樣。這是一種什麼樣的心理？我們自己要想一想。

至於我們這些修行的人，心中一定會想，我絕對沒有這種心理。但是依我看來，都是一樣的，方式不同而已。雖然沒有這種心理，可是也想打打坐就能成道，雖不求香蕉，也在求腿。

大家打坐都想明心見性，成佛成道，並且最喜歡的是工夫、境界。只要聽說哪個人有道有工夫，反正好奇就去追求了。至於道與工夫究竟是什麼定義，也搞不清楚，這就是見地不清。為何見地不清呢？嚴格追究起來，就是行願不對。

佛學的基本是建立在六道輪迴、三世因果上，但是據我幾十年的經驗所知，學佛學道的人，沒有幾個真正相信六道輪迴，更沒有人相信三世因果，至少沒有絕對的相信。這並不是迷信，至少在理論上搞得清楚的人沒有，至於事實上求證到的更是沒有。這些都是值得大家反省的地方。

因為不相信六道輪迴、三世因果，所以你學禪也好，學密宗也好，學淨土也好，根本基礎上是錯誤的，等於想在沙灘上建房子一樣，是不可能的事情。可是我們的心行都往這方面走。

比如我們學靜坐，坐起來都想空一下，然後都在那裡高談學理，空啊！有啊！般若啊！這些佛法道理談得頭頭是道，卻沒有研究心行。為什麼要求得空？空的後面是什麼？假定真空了，是個什麼樣子呢？這些教理上都說了，可是我們沒去研究。

所以，有些人儘管工夫修得好，氣脈通得好，也是沒有用的。多少人說自己的奇經八脈打通了，三脈七輪打通了。打通了又怎麼樣？你說我氣脈打通了可以不死，還沒有一個氣脈通的人不死的。你說氣脈通了的人可以死得好一點，也有氣脈不打通的人死得蠻好的。那麼，所謂氣脈打通究竟是為了什麼？我們沒有去思考，反正人家說氣脈通就跟著叫氣脈通。

又比如神通，神通又怎麼樣？先知又怎麼樣？多少個自稱有神通的人死於高血壓、糖尿病。

我們有沒有仔細想想，究竟學佛修行是為了什麼？都在高談闊論，不切實際。

真正的修行，最後就是一個路子：行願。

什麼叫行願？就是修正自己的心理行為。

我們的思想，起心動念是沒有發出來的行為，一切的行動則是思想的發揮。我們想求得空，這是在追尋一個形而上的問題，追尋能夠發生思想的根源。在行為上、思想上真正做到了空，幾乎是不可能的。假定有人做到思想完全空，變成無知了，那又何必修道呢？所以空的道理不是這樣。

大家坐起來拚命在求空，基本上有一個最大的錯誤，對於空性的理，根本沒有認清楚。所以上次提及要大家看《肇論》，這本書是鳩摩羅什法師的大弟子僧肇法師所作。當然，這本書不大容易看，它是集中佛法之精華，以及老、莊、孔、孟思想而成的文章。比如他寫〈般若無知論〉，我們天天求般若大智慧的成就，他說智慧到了最高處是無智慧。等於《心經》上講的「無智亦無得」。又說：〈物不遷論〉，物沒有去來，無動也無靜，沒有過去，也沒有未來，只有當前這一下。又說：〈不真空論〉，空而不空，這些形而上空與行為配合為一的道理，應多去研究。

我們做工夫、打坐為什麼不能進步呢？大家一定以為是方法不對，拚命找明師求方法，不是的！不要受自己的騙。工夫為什麼不能進步？為什麼不能得定？是因為心行沒有轉。心理行為一點都沒有改變的話，工夫是不會進步的，見地也不會圓滿。這在中國文化上，不論是儒家、道家，說法都是一致的，都是同一個論調。

比如學道家的人講，學道成仙有五類（好比佛家的五乘道），有鬼仙、人仙、地仙、天仙、神仙（也叫大羅金仙，相當於大阿羅漢）。道家認為「只修命不修性，此是修行第一病。」光練氣脈，做身體上工夫，而認為這是道，這是修行的第一大毛病。又說「只修祖性不修丹，萬劫陰靈難入聖」，學佛的人只高談理論，對於生命根源沒有掌握住，經一萬劫也證不到聖人的境界。不論怎麼說，有一個基本原則，就是想成仙要修無數功德，無數善行才行。

什麼叫善行？以道家標準，一個人危急了，瀕臨死亡邊緣時，把他救出來，起死回生，這樣算是一件善行而已。以這個為標準，要滿三千善行，數千功德，才夠得上修天仙。其他儒家、佛家都是一樣，佛家要求我們起心動念，內在的思想行為要轉變。但據我所知，一個個的心行都沒有絲毫動搖，太可怕了。為什麼不能證果？是自己心理的結沒有打開，八十八結使的結，根深蒂固。

學佛的人有一個基本的毛病，大家要反省。首先，因為學佛，先看空這個人世間，所以先求出離，跳出來不管。因為跳出來不管，慈悲就做不到。我們口口聲聲談慈悲，自己檢查心理看看，慈悲做到多少啊？這是個非常非常嚴重的問題。第二，貪瞋癡慢疑，我們又消除了多少？比如有一個例子，我們大家修行越修得好，脾氣越大，為什麼？你打坐坐得正舒服，有人來吵你，你還不氣啊？這種心理作用是不是跟慈悲相反呢？

還有工夫做得好的人，靜的境界儘管好，下座以後，所有的行為同靜的境界完全相反。理論講得也很對，做出來的完全相反。所以佛家要我們先從戒著手，小乘的戒還只是消極的，只防止自己行為的錯誤，這是小乘戒的基本原則。大乘菩薩要積極培植善根，這樣才是大乘菩薩戒的基本。但是我們連消極的也沒有做到，積極的更談不到。

大家要注意，不論出家在家，以後學佛修持之路，應注意《瑜伽師地論》聲聞地當中的瑜伽地，這裡面包括了密宗所有的紅、白、花、黃教的基本理論，修氣脈、修止觀的原則，也都告訴我們了，這點順便提及。

比如我們曉得學聲聞，要學八關齋戒，其中一條戒云：「沙彌不准坐高廣大床」。為什麼？高廣大床就是上座、上位。為什麼沙彌不能坐？是先要養成謙虛的德性，叫你不要處處自我傲慢，動輒自私自利，坐在上面很了不起那個樣子，就是要我們學謙虛。我們看了這條戒，不管在家出家，先反省自己有沒有謙虛，做到了謙虛沒有？據我了解，凡是學了佛的人，或信了任何宗教的人，比世界上任何人都傲慢。以為別人不信，就是魔鬼，自己自認是聖人。我們學佛同樣也犯這種毛病，不過換一個名辭而已，覺得他呀！很可憐！地獄種子啊！一樣的道理，不肯謙虛。

尤其是有點工夫的人，只要學佛打坐三天，然後「天上天下，唯我獨尊」起來了，別人的工夫都不行。專拿一個聖人的尺碼，去量人家，而且這個尺碼還是自己定的，眼光說有多短就有多短。人們在他的尺碼下，當然都不是聖人，可是他卻從來沒有量量自己有多長、多大，決不反照自己，這是最要命的。這個心行怎麼辦呢？所以為什麼不能證果？為什麼不能得定？就是這個心行，貪瞋癡慢疑一點都沒有轉化，非常可怕，反省起來非常嚴重。

我再三強調大家，修道沒有證果，不能證到空，就是心理行為自己轉化不了，所以坐起來，只抓到意識境界造成的一點空，以為那就是道了。

今天有位同學提出報告，昨天打坐坐得最好的當兒，忽然發現自己的手伸上來抓臉。當時他想，奇怪，前一秒怎麼不知道自己的手在抓臉？用功還用得很好呢！當時他覺得有點難過，懺悔自己的無記。失念了，自己做了，不知道。無記也有無記的果報，你說你是無心的，將來你所得的也是無記的果報。比如我們有時莫名其妙地受人打擊，那也就是無記果報。這位同學繼續打坐，後來又發現自己在抓臉，他說這就叫「無明」失念了。

不過，這也是只知其一，不知其二。普通談空這一念，只是起碼的，最初步的一點，還只是誘導法，誘導我們成就、成聖的最初步路子，但這個心念在同一秒鐘，同一剎那中，可以起很多的作用。所以我們真靜下來時，六根同時並用，萬緣俱來時，若能萬緣都知，那就是六祖說的：「何期自性，能生萬法。」不是光修空，要能夠全知才行。

在清淨專一的時候，你還能夠用手抓癢，嘴裡咬咬牙齒，腳同時敲兩下，這些都是念的作用，你不能說「我的心念在這個時候空了，而抓癢並不屬於念。」你們要知道，本能的反應就是念，那是阿賴耶識的念。所以有許多人打坐修道，遭遇很多魔境界，實際上這個魔，都是自己這一生造的。不但如此，很多著魔的人，就是下意識喜歡玩弄這個東西，換句話說，他在心行方面根本沒有轉化。

所以，我經常告訴同學：《易經》六十四卦中，沒有一卦全好，也沒有一卦全壞，好中有壞，壞中有好，只有一卦比較算是六爻皆吉，那就是謙卦。所以佛家叫我們學空，戒律上第一個要做到謙虛。試問有幾個人做到了？自己反省一下，誰做到了？

真正做到了謙，才真能做到菩薩的慈愛。道家老子云：「吾有三寶：曰慈，曰儉，曰不敢為天下先。」不敢為天下先就是「謙」。佛家也是這樣，佛家謙到什麼程度呢？謙到「無我」，謙虛到了極點就是無我。

所以我們光想打坐達到空，在心行上做不到是空不了的，因為我們坐在那裡守空，是「我」去守空，沒有做到「無我」的空，假定無我，何必求空呢？無我就已經空了。

所以以行願來講，「行」才是真見地，行不到，見地沒有用，要做到這個才能談到真慈悲，因為慈悲就是無我。其實，我們普通講慈悲都屬於「情」，不是「智」。佛法大乘道的慈悲是智，是般若的慈悲。所以，以其真無我，才能真慈悲。說我要慈悲你，早落於下乘了。比如父母愛兒女那個仁慈，尤其是母愛，決不要求代價的，這是普通人道的父母子女之愛，但那還是「情」，這情是由「我」愛而發；菩薩的慈悲是「智」，智是「無我」愛而發，這可嚴重了。

所以講行願、行門之重要，我們隨時在靜定中，要檢點自己。什麼是修行人？是永遠嚴格檢查自己的人。隨時檢查自己的心行思想，隨時在檢查自己行為的人，才是修行人。所以不要認為有個方法，有個氣功，什麼三脈七輪啊，或念個咒子啊，然後一天到晚神經兮兮的，那是不相干的。我們看到多少學佛學道的人，很多精神不正常，為什麼染污了？為什麼有那麼多的不正常呢？因為沒有嚴格在修行。換句話說，沒有嚴格地反省自己，檢查自己。

比如貪瞋癡三毒，你說我們哪一點不貪？你說你一點都不貪，一天到晚想跟我在一起，想多跟老師一下，這是不是貪？我那裡沒有東西可給你的，因為你「貪」，你希望老師那裡也許有點東西可挖了來，這是什麼心理？為什麼自己不去用功呢？我當年向我的袁老師學習，不是我向老師問問題，都是老師在問我。

比如有一次，兩人由成都到重慶，那時交通不發達，到了內江，人很累。抗戰時候搭汽車只能站著，整整站一天，到了內江茶館裡，袁老師問：你累不累啊？當然累。你現在的心境如何？我答：同在山上閉關時一樣。那真一樣，沒有動過，就是「旋嵐偃嶽而常靜，江河競注而不流」，沒有覺得動搖過，也沒覺得風塵僕僕是辛苦。但是這個時候覺得自己有一點疲勞，還是不對的。袁老師講：唔！這可不容易啊！我答：大概還要一年，我會把這問題解決。次日早起，我說：先生，您昨天睡覺時打呼好厲害啊！袁老師問：你曉得我為什麼要打呼？我愣住了，為什麼？這是個大問題。接著袁老師問：你曉得有一個不打呼的東西？我說那個我在理上知道。差不多了！要求證。理上知道有一個在打呼，還有一個不打呼的，在看這個在打呼。

舉上面這個例子，是說大家貪問，事無大小一概問。我們檢查自己的心理，貪瞋癡慢疑要斷，談何容易啊！你說，你打起坐來會空，沒有用的。你在事上過不去，心事來的時候過不去，瞋心來的時候比誰都大。

什麼是瞋心？怨天尤人就是瞋，這是瞋的根。對環境，對一切不滿意，有一點感覺不滿意維持著，就是瞋心的開始。

至於癡，那就更不用談了，引用袁老師的詩：

業識奔如許　鄉關到幾時

五蘊明明幻　諸緣處處癡

你看學佛的人，個個都曉得談空，可是每一個人都有心理上、感情上的癡，利害上的癡，生命上的癡等等，無一而不癡。沒有智慧嘛！這些根會在哪裡發現呢？行為上沒發現，夢中都會發現的。夢中會有這樣的行為，就是因為自己永遠在貪瞋癡中。行為如果轉變不了，要想轉變氣脈，那是不可能的。但是如果認為氣脈轉變就是得了道，那也是荒唐。聽了多少人氣脈通了，可是現在都到黑茫茫的那個地方去了。

所以，如果大家在心行、行願方面沒有動搖，不要談四禪八定，更不要想談證果。

老實說，一個人真做了一件善行，這一天盤個腿打坐看看，馬上就不同，氣脈馬上就不一樣，心境馬上就擴大了，這個是絕對不能欺騙自己的事。不要說真正善的行為，或內在的善心，今天如果真把貪瞋癡慢疑這些毛病解決了一點，那個境界就不同一點。所以我們坐起來不能空，心境空不了，就得找找看，看今天自己的病根在什麼地方，為什麼今天上座不能空？你的心念在貪瞋癡慢疑當中，一定有個東西掛在那個地方。這是阿賴耶識的問題，不是第六意識的事情。如果沒有檢查這個，光是打打坐求一點空，求一點工夫，沒有用的，奉勸你不要學道，你會把自己給害了的。

所以心行方面要特別注意，這也只是說行，還沒有講願。至於發起救人救世之願，能有一點行為為別人著想，處處能犧牲自己的人，在我看來，沒有一個做得到，一點也做不到，所以要想證果，絕無此事。

講義上，八十八結使與三界的關係，明白地擺在面前。能解開了多少個結，你就得了那個果位，這些考驗都擺在眼前。別以為腿能盤一個鐘頭就能升上什麼天；一個半鐘頭又能升上什麼天，沒這回事。腿是靠不住的，修

「行」，修的是心理行為，不是修腿。

佛學叫我們除煩惱，佛學的翻譯「煩惱」兩字用得好極了。拿普通的學問來研究，煩惱是我們心理行為一個基本狀態。「煩」，煩死了；「惱」，討厭，這些就是煩惱。煩惱就是罪惡，對自己心理染污的罪惡。以形而上本體來講，我們的自性本來清淨，因煩惱連帶發生的行為，變成了後天的罪惡。比如一個人殺人，是因為火大了。而基本上，只是由一點的煩惱開始來的，它對自己來講，是最大的罪惡；對外界來講，發展下去，久了可以成為害社會、害國家、害人類、害世界的大罪惡，所以煩惱兩字，不要輕易小看它。

我們講行願方面，這個心理的「行」，要做到清淨，做到空。要想得定，要想明心見性，應該隨時隨地檢查自己，是不是有一絲毫的煩惱存在？如有煩惱存在就很嚴重了。

有一種煩惱是來自生理的，由生理不平衡所引起的，就是儒家所謂氣質之性，所以修道要變化氣脈，也就是要變化氣質。氣質是一個實在的問題，不是空洞的理論。

為什麼修道的人工夫好了，氣色會好？氣脈會通？因為受心理行為的影響，氣質在變化，每一個細胞都在變化，不是假的。所以煩惱能轉成菩提，轉成覺性，隨時清明。

我們每個人，尤其是學佛的人，隨時在煩惱中，我們回轉來檢查，一天二十四小時當中，有幾秒鐘身心都是愉快的？當然嚴格來講，後天的愉快也屬於煩惱之一。《維摩經》上講：「煩惱即菩提」，就是說，你能把煩惱轉過來就是菩提。因煩惱的刺激，引起你的覺悟，發現自己在煩惱中，這可不對，立刻警覺，這樣一轉，當下就是菩提。

但是，我們的煩惱不是菩提，因為我們不知不覺中，總是跟著煩惱在轉。比如剛才一個同學在講，打坐腿子發麻，生理不好，煩惱來了。這個煩惱最重要的一部分，當然是生理影響，所以生理完全轉了，變成絕對的清淨，修道的基礎、定的基礎才算有了。所以氣脈對於這一方面很重要。

氣脈又與心理行為有絕對的關係，你多行一點善，念頭轉善一點，雖然是消極的善，不是對人有利的行為，但是你能先去掉自己心中的煩惱，也算是自我本分的一點善，能夠這樣做到了一些，氣脈就會轉一分，你的定力自然就增加一分。所以，我們打坐為什麼靜不下來？檢查起來就是因為煩惱。煩惱裡頭隱藏許許多多罪惡的種子，許多罪惡的因素，都是由「煩惱」而來。

假如我們轉掉了煩惱這個東西，完全轉清了，這個時候，心境會比較清明一點點，然後我們才能夠檢查自己念頭的起滅。

比如我們坐在那裡，覺得心境很清淨，這是意識境界。但是你可知道，我們在清淨這一剎那中間，隱藏了多少罪惡煩惱，能不能檢查得出來？假定有人說大話：在這一念清淨當中，我絕對沒有一點煩惱，沒有一點罪惡。那麼這個人不要談修行了，他根本就沒有見地嘛！我們在這一念清淨當中，煩惱與罪惡的根根，有八萬四千之多，這是假定數目，比喻很多很多的意思。佛說：「一念之間有八萬四千煩惱」，因此就有八萬四千方法，來對治這些煩惱。

剛才有一個同學問：為什麼一到空的境界，或空靈境界一來，就起恐怖？非常怕，這很奇怪。關於這個問題，可以分幾點來談。

第一點，佛說墮落久了的人，見到空性，哈哈大笑，歡喜無比；墮落輕的人，見到了空性，會恐怖、大哭。

第二點，另外一種說法，見到空性不起恐怖心理的人，就是《金剛經》上所講：「當知是人，不於一佛二佛三四五佛而種善根，已於無量千萬佛所，種諸善根。」一學佛的人天天求空，善根淺的人，真的空來了就害怕，無法面對現實，去接受這個空。原因在哪裡？因為執著，所以人生來總要抓住一個東西，忽然到了空境界，沒有東西可抓的時候，你害怕起來了。這是普通人的心理，自然會起恐懼。

第三點，當空境來時，忽然有恐懼心，這就說明你心裡頭已經有個恐懼，並不是空了，是有個恐懼佔進來了，因為我們的習慣上愛執著，愛抓一個東西，就抓住了這個恐懼。

這麼一點東西，有那麼複雜的心理因素。我們大家是不是在一念空當中，隱藏了許多煩惱、許多罪惡？有沒有檢查出來？這都是修行當中看起來很空洞的理論，但卻是非常實際的話。尤其是年輕同學們，閉起眼睛，覺得有一點清淨，認為這就是空，空不了的，那也是心理的一個狀況。也就是說，當我們打坐時，眼睛閉起來，腦子進入半休息的狀態，不是完全睡眠，眼神經也沒有完全的休息。只是下意識當中，空空洞洞的，在下意識的記憶習慣上，呈現一個類似空的景象而已。而這個景象前面，還是黑茫茫的，然後在這裡頭忙起哲學來了，玩起話頭來了，然後覺得自己都懂了，還認為自己是一箭破三關呢！這是一。

第二，等你精神養好了一點，脾氣也大，尤其是青年，第一關情欲就來了，也就是男女間的愛欲就強了。這點不要自欺，工夫做不好沒話說，工夫一做好了，男女愛欲之念，尤其生理上的壓迫就來了。這是什麼原因？貪瞋癡。貪欲的第一個根本無明馬上就爆發了。沒有這個來，氣脈也不可能打通；來了以後，欲念又引起。這個中間的行——心行、行門，該怎麼辦？用什麼方法可以把它對治過來？怎麼去處理它？怎麼去調理它？它的原理是在什麼地方？它的病根究竟怎麼來的？是心理先引起生理呢？或是生理先引起心理？這裡頭是個很大的關鍵。至於老年人以為自己沒有這個問題，那是因為你衰老了，要想把西沉的夕陽挽回到東面來，這件事真能做得到的話，第一關還是會碰到這個問題，因為這是根本煩惱。

所以大家要特別注意八十八結使，唯識《百法明門論》的五十一種心所，什麼是根本煩惱？什麼是隨煩惱？隨眠煩惱？這「隨眠」二字譯得非常好，它纏著你，跟著你，使你在睡眠昏迷的狀態中，自己也檢查不出來，被它迷糊住了。其實，這也是自己的魔障。

一層一層檢查，八十八結使能去幾層，你禪定的工夫絕對就到了那裡。若按照普通講法，念住就是初禪，這個只是普通說法。至於真正的初果位，就不是這樣了。所以，你即使得了初禪，卻不一定證得初果。因為果的標準就是根據八十八結使，也就是你那個下意識的罪惡煩惱的根，貪瞋癡慢疑去掉了幾層，就是果位的考驗。我們不能不通教理，不要以為光是打打坐，抱一個話頭就行了，沒有用的。所以別人問禪，我就說：我有「饞」，你哪裡有好吃的我就來。哪有那麼簡單？不容易的。你就是做到念住，還要看你是住在什麼念，念住在昏沉也是住，沒有用的。氣質沒有轉，心行沒有轉，沒有用的。

其次，就算做到氣住，呼吸停止了，充其量是二禪，並不一定就是二果。單單氣住，並不能證果位。氣住可以用意志控制做到，與道不相干。而且氣住了以後，只要一逗他，他發起脾氣來比誰都大。所以修行不是如此，不要搞錯了。你認為氣住了，自己有工夫、有道了，那個道賣幾毛錢一斤啊？沒有用的。主要關鍵在心理行為。

二禪氣住後，同時要查查八十八結使，心理的罪惡煩惱去掉了多少？身口意三業去掉了多少？所以有許多人都講工夫，講了半天，身口意三業一點都轉不了，自己不要自欺了。

脈停，印度很多瑜伽士都能做到，埋在土裡不會死，這都是能夠練出來的。這只是說明我們的生理功能，能夠用心訓練成各種狀況，這個是唯心所造，做得到的。至於說，這是不是道果呢？不是的。

至於三果、四果，每個道果，都可以在發給大家的八十八結使那一張表查到。自己每天要隨時檢查自己，看看心理行為中，煩惱罪惡的狀態解除了多少，檢查今天善行做了多少，所以古代儒家有功過格，用紅黑豆來標記，以檢查自己的心理行為。

工夫做到了氣住脈停，只能說明心性的功能，證明唯心所造的功能，的確可成就這些工夫、神通等。至於說證道，或證到空性，卻不一定。證得三身——法身、報身、化身，那就更難。

這三身成就，也就是禪宗所講的三關，真正的三關做到了，才能有三身的成就。禪宗祖師們，或其他許多人，雖然談空說有，比如上次提過的雪巖欽禪師，道不可謂不高，但是不是三身成就？我們不得而知。

三身成就是可以現生做到的，先把氣質變化過來，由善行開始做起，配合四禪八定的工夫，就有一點希望。我個人幾十年來投身在這裡頭，也在試驗求證階段，沒什麼工夫，也沒什麼修養。在沒有到達那個絕對的求證以前，不要隨便給自己定一個範圍，下一個定義，一下就錯了。

以上是行的部分。

願呢？更難談了，行願不到，見地不會到的。換句話說，行願不到，修證工夫也不會到。坐得好有什麼用呢？你說：我打起坐來，能夠坐三個鐘頭，心裡清清淨淨。那是你在那裡偷懶，也可以說是一種「道者盜也」。《陰符經》上這句話的意思是，人取用天地的精華，藉用生命原有的功能，就能修煉成道。人一生下來，偷天地間的食物、空氣，打起坐來還子午卯酉，想吸天地正氣，日月精華，這個強盜多厲害！所以說道者盜也。但是《陰符經》鼓勵我們當盜，真把宇宙的東西偷得來，我們的生命就成功了，我們的生命就是宇宙。然後你可以再讓別人搶去，這是道家的觀點。

墨子的思想出自於道家，墨子要我們「摩頂放踵以利天下」，等於佛家大慈大悲的精神，犧牲自我，這是墨家的思想。墨子是道家《神仙傳》上的人物，道家《神仙傳》上說，墨子到漢武帝的時候還在世間。但是誰又見過他呢？

楊朱則絕對自私自利，自由主義的思想也出在道家。

現在回到主題，所以我們學佛打坐都是坐在那裡偷盜，而在同一時間中，社會上那麼多人卻為我們在忙碌。所以佛家有一句話很了不起，就是早晚課誦的一句話：「上報四重恩，下濟三塗苦」，這就是行願的願，每天都提醒我們做功德。我們學佛的人都要隨時隨地檢查自己，每天要「上報四重恩」，這四種恩都是我們所欠的：「佛恩、父母恩、國家恩、眾生恩」。

眾生對我們有什麼恩呢？一個人活在世界上，靠社會上很多人的努力成果，所以學佛的人要上報四重恩。我們活著一天，都要麻煩很多人提供生命所需給我們，事實上如此。

「下濟三塗苦」，同時也要想到下三道——畜生、地獄、餓鬼的苦痛。換句話說，隨時要想到不如我的人的痛苦，要想到怎樣去幫助他們。可是我們做到了沒有？學佛的人只想怎麼為自己求到法財侶地，你幫忙我成道，如此這麼一個動念，就是自私的基本。你為什麼不先幫助人家成道呢？所以上面講行，下面講願。願發起了沒有？自己想想看。

至於說：「眾生無邊誓願度，煩惱無盡誓願斷，法門無量誓願學，佛道無上誓願成。」那真是在唸經，唸過去就完了，心裡根本沒這回事。首先「眾生無邊誓願度」，只要度我就好了。「煩惱無盡誓願斷」，最好你幫忙我斷。「法門無量誓願學」，你教我就好了。「佛道無上誓願成」，將來總有一天會成。這四句話我們往往是這樣下的註解，只要一反省起來，就很嚴重了。所以說行門很難很難的。

所有的佛經、三藏十二部都告訴我們了，都在講行願。行，三十七道品，六度萬行，學佛的基本是在這些地方。了解三世因果、六道輪迴，從心理行為上改進自己，漸漸地，工夫、見地自然會進步。這不是說教，是我的親身體驗，不從這裡下工夫是解決不了問題的，不會證果的。心行的改變比打坐、比修證重要得多，而且只要心行改正一天，你的定力、打坐就隨之進步一天。

所以說，為什麼不能得定，甚至連打坐都坐不住呢？你在心行上去追求，不要在工夫上去追求。在工夫上追求是空的，偶然可以，過了幾天就沒有了，盤腿打坐與定沒有絕對的關係。至於坐在那裡，你身心能不能轉得過來呢？這個就是問題了。其實並不在於打坐的姿勢，要在心行上檢查自己才是究竟，才能夠談到定。

今天結論重點就在這裡。這次的課程以見地、修證、行願為三大綱要，最後強調一句——行願最重要。行到了，見地才會圓滿，修證工夫才會證果。古人證果的多，就是在行願。

現在很流行《木訥祖師傳》（密勒日巴），個個都很佩服他，那你能不能學木訥祖師呢？做不到。木訥祖師的老師那麼故意整他，四幢房子蓋起來以後要他拆掉，把背上都磨破了，流膿流血，他沒有怨恨。你們天天想要老師傳密法，只要老師開口罵兩句，你們就要罵老師了。像這樣的心行，怎麼行嘛！都想自己當祖師，當六祖。六祖到五祖那裡求法，五祖叫他舂米舂了三年。我們不必舂米，反過來好像老師欠我們的，假使在以前的時代，早就一棒子打過來了。怎麼那麼不通呢？心中是怎麼個想法自己不檢查，還要求人家很嚴格，要求老師更嚴格了，這個是不行的，隨時都要注重心行。

見地到了就是法身；修證到了就是報身；行願到了就是化身。三身都在一念之間，這個修證不到，免談！

現在社會上，一般講的工夫都有問題。因為全世界都在心理變態的狀態中，幾乎沒有一個人真正證到，都是自欺欺人之談。我希望我們這裡在座的，能真正學佛，不要做自欺欺人之事。

八十八結使這段很重要，很重要的。自己隨時去檢查檢查，八十八結使去掉了多少。《瑜伽師地論》中，聲聞地、菩薩地的做工夫程序都講完了，彌勒菩薩把怎麼樣修證，怎麼樣證果，所有祕密都告訴我們了，只要我們用智慧，盡心去看它就可以發現。

大家拿著這次所開列的書，包括大小乘經論及講義去參考，好好從心行做起，必有好處，必能證果。

三界天人表

無色界（四無色天 或 四空天）
- （三十三）（28） 非想非非想處天Nairasarynanasanjnayatand
- （三十二）（27） 無所有處天Akincanyayatana
- （三十一）（26） 識處天（識無所有處天）Vijnananantayatana
- （三　十）（25） 空處天（空無所有處天）Akasanantayatana

色界（色界四禪天）
- 四禪
  - 五淨居天 或 五那含天 聖位所居
    - （二十九）（24） 色究竟天（阿迦尼吒天）Akanistha
    - （二十八）（23） 善現天Sudarsana
    - （二十七）（22） 善見天Sudrsa
    - （二十六）（21） 無熱天Atupa
    - （二十五）（20） 無煩天Avrha
  - （二十四）（19） 無想天Asanjnisattva（外道所居）
  - （凡夫住處）
    - （二十三）（18） 廣果天Vrhatphala
    - （二十二）（17） 福生天Punyaprasava
    - （二十一）（16） 福慶天（無雲天）Anabhraka
- 三禪
  - （二　十）（15） 遍淨天Subhakvtsna
  - （十　九）（14） 無量淨天Apramanasubha
  - （十　八）（13） 少淨天Parttasubha
- 二禪
  - （十　七）（12） 極淨光天（光音天）Abhasvara
  - （十　六）（11） 無量光天Aprumanabha
  - （十　五）（10） 少光天Parittabha
- 初禪
  - （十　四）（9） 大梵天Mahabrahma（凡夫所居）
  - （十　三）（8） 梵輔天（梵前益天）Brahma purohita
  - （十　二）（7） 梵眾天Brahma-parisadya

欲界
- 六欲天（日月繞須彌山半）
  - （十　一）（6） 他化自在天（摩羅天）Paranirmita
  - （　十　）（5） 化樂天（樂化天）Nirmanarati
  - （　九　）（4） 兜率陀天（知足天）Tasita
  - （　八　）（3） 夜（炎、焰）摩天Yama
  - （　七　）（2） 忉利天（三十三天）Trayastrimsas（居須彌山頂）
  - （　六　）（1） 四天王天（居須彌山半）
    - 北毗沙門Vaisrarana
    - 西毗琉璃婆叉Virupaksa
    - 南毗琉璃勒Virudhak
    - 東多羅吒Dhrtarastra
- （　五　）阿脩羅Asura
- （　四　）人Manusya
  - （北）鬱單越（俱盧洲）Uttara-kuru
  - （西）拘耶尼洲Yodhana
  - （南）閻浮提洲Jambu-dvipa
  - （東）弗于逮（勝神洲）Purva-videha
- （　三　）餓鬼Pretos
- （　二　）畜生Tiryagyoni
- （　一　）地獄（共有十八）Naraka

二十八天（天道）：無色界四天、色界十八天、欲界六欲天

六道：天道至地獄

註：

一、二十八天，諸經略有異見，本資料係廣採參用。

二、《俱舍論》，凡夫所居僅（不含外道）廣果、福生、無雲三天。

三、欲詳細研究，請參考〈三界天人體系表〉。

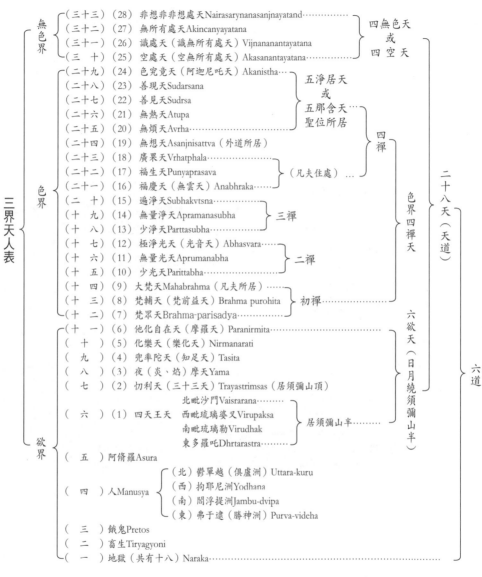

如何修證佛法下冊

建議售價 ·700 元（上下冊不分售）

講　　述·南懷瑾
出版發行·南懷瑾文化事業有限公司
網址：www.nhjce.com
代理經銷·白象文化事業有限公司
412台中市大里區科技路1號8樓之2（台中軟體園區）
出版專線：（04）2496-5995　傳真：（04）2496-9901
401台中市東區和平街228巷44號（經銷部）
購書專線：（04）2220-8589　傳真：（04）2220-8505
印　　刷·基盛印刷工場
版　　次·2017年8月初版一刷
2023年3月二版一刷

設計編印
白象文化
www.ElephantWhite.com.tw
press.store@msa.hinet.net
總監：張輝潭　專案主編：林榮威

國家圖書館出版品預行編目資料

如何修證佛法／南懷瑾講述．--初版.一臺北市：
南懷瑾文化，2017.08
面：　公分．
ISBN 978-986-94058-7-4（平裝）
1. 佛教修持
225.7　　106007159